BRAVISSIMO! 1

SPECIMEN

EDIZIONI
C
casa delle
lingue

BULGARINI
FIRENZE

> « E se non ci sarà più gente come me
> voglio morire in Piazza Grande,
> tra i gatti che non han padrone come me
> attorno a me. »

Lucio Dalla (1943-2012), *Piazza Grande*

BRAVISSIMO! 1

Marilisa Birello
Albert Vilagrasa

1. PREMESSA

Bravissimo! è un corso d'italiano per stranieri basato sull'apprendimento orientato all'azione, che il QCER (Quadro Comune Europeo di Riferimento per le lingue) definisce in questo modo:

«L'approccio adottato qui è, in termini generali, orientato all'azione, nel senso che considera le persone che usano e apprendono una lingua innanzitutto come "attori sociali", vale a dire come membri di una società che hanno dei compiti (di tipo non solo linguistico) da portare a termine in circostanze date, in un ambiente specifico e all'interno di un determinato campo di azione. Se gli atti linguistici si realizzano all'interno di attività linguistiche, queste d'altra parte si inseriscono in un più ampio contesto sociale, che è l'unico in grado di conferir loro pieno significato» (*Quadro Comune Europeo di Riferimento per le lingue: apprendimento, insegnamento, valutazione*, p. 11).

Le otto unità di *Bravissimo! 1* sono costruite intorno a un compito finale, proponendo così una "didattica per progetti" per l'italiano lingua seconda (L2)*. Il concetto di "compito" è introdotto seguendo quanto indicato nel QCER:

«si parla di "compiti" in quanto le azioni sono compiute da uno o più individui che usano strategicamente le proprie competenze per raggiungere un determinato risultato» (Idem, p. 11).

Questa evoluzione metodologica può essere riassunta nei tre seguenti aspetti.

1. L'approccio orientato all'azione e l'apprendimento attraverso i compiti

L'approccio orientato all'azione si fonda sull'idea di compito e sulle azioni che i discenti devono portare a termine per arrivare alla sua realizzazione. Il compito (Il nostro progetto) è indicato all'inizio di ogni unità di *Bravissimo!* insieme alle competenze necessarie per poterlo realizzare, cioè le capacità di eseguire una determinata azione in lingua straniera. Per preparare lo studente in maniera più efficace e cosciente al compito finale vengono proposti, all'interno dell'unità, dei "compitini" (azioni intermedie) che facilitano lo sviluppo di quelle competenze di cui avrà bisogno per la realizzazione del compito previsto.

2. Un insegnamento centrato sullo studente

Uno dei cambiamenti più importanti apparsi nel QCER consiste nel considerare gli apprendenti come degli attori sociali. In questa prospettiva gli studenti sono coinvolti in un proget-to comune che richiede l'impiego di strategie di comunicazione e apprendimento, mettendo in gioco aspetti interculturali che favoriscono lo sviluppo della competenza di mediazione. L'approccio orientato all'azione rende lo studente protagonista del proprio apprendimento e tiene presente i suoi bisogni e le sue competenze nella realizzazione delle attività. In questa linea, partendo dalla propria identità ed esprimendosi secondo i propri criteri, l'apprendente sviluppa in modo naturale le competenze comunicative nella lingua obiettivo.

3. Dei processi autentici di comunicazione

Questa visione dello studente, considerato non più come semplice ricettore ma come attore, è uno dei punti basilari su cui si fonda *Bravissimo!* che presenta delle situazioni di apprendimento / insegnamento che tengono conto al tempo stesso dei bisogni e delle caratteristiche degli apprendenti e delle risorse disponibili. A questo fine si richiede al discente di reagire come se si trovasse in una situazione comunicativa autentica fuori dall'aula. La comunicazione che si stabilisce durante l'esecuzione del compito è autentica e l'aula – questo spazio condiviso con lo scopo di imparare (e usare) una lingua – diventa il luogo in cui vivere delle esperienze comunicative ricche e reali come quelle che si vivono al di fuori.

Gli autori e Casa delle Lingue

---

*Con "italiano L2" si fa riferimento all'italiano insegnato e appreso come lingua non materna, tanto in una situazione in contesto (in Italia) che fuori contesto (all'estero).

2. INTRODUZIONE

Bravissimo! è un corso d'italiano per stranieri rivolto a giovani e adulti. Si compone di otto unità ognuna delle quali è suddivisa in sette sezioni:

1. PRIMO CONTATTO
- I documenti presentati propongono un primo contatto con certi aspetti della realtà italiana.
- Lo studente entra in contatto con le parole e le espressioni utili per parlare di questa realtà.
- Si avvicina alla lingua italiana in modo intuitivo e attivando per quanto possibile le sue conoscenze pregresse.

2. TESTI E CONTESTI
- Attraverso testi orali e scritti, fotografie o illustrazioni, l'apprendente è stimolato a reagire e a interagire con i compagni.
- I documenti proposti (orali, scritti o iconici) permettono allo studente di sviluppare e migliorare le competenze e le strategie di comprensione.
- Lo studente familiarizza con una serie di risorse linguistiche (lessicali, grammaticali, testuali...) necessarie per la realizzazione del compito, che è l'obiettivo dell'unità.

3. ALLA SCOPERTA DELLA LINGUA
- L'apprendente osserva delle produzioni che evidenziano una particolare risorsa linguistica (grammaticale, lessicale, funzionale...).
- Successivamente cerca di capire il funzionamento di questa risorsa e di costruire una regola. Questo lavoro viene svolto in collaborazione con i compagni o con l'insegnante.
- Quindi lo studente applica questa regola nelle sue produzioni personali.
- Tale sequenza di osservazioni, oltre alla comprensione e all'applicazione, favorisce l'autonomia dello studente.

4. QUALCOSA IN PIÙ
Attraverso dei documenti di varia tipologia si forniscono allo studente dei contenuti che ampliano aspetti lessicali e socioculturali legati ai temi trattati nell'unità e che possono essere utili per approfondire le proprie conoscenze.

5. RISORSE E UN PO' DI ALLENAMENTO
- Si propone una concettualizzazione delle risorse dell'unità che serve per verificare e ridefinire le regole che l'apprendente ha costruito.
- Le spiegazioni grammaticali, trattate in modo più ampio e classificate per categorie linguistiche, si trovano anche nel riepilogo grammaticale alla fine del manuale.
- Grazie allo strumento della "mappa mentale" si propongono delle attività per riprendere i contenuti lessicali che gli studenti devono costruire a partire dai propri bisogni.
- **Suoni e lettere** propone delle attività per lavorare sulla fonetica e sull'intonazione dell'italiano.

6. IN AZIONE E... IL COMPITO!
- Attività orali e scritte più complesse che raccolgono i contenuti su cui si è lavorato fino a questo momento. Preparano lo studente in modo più specifico per eseguire il compito finale.
- Per realizzare il compito finale, allo studente è richiesto, attraverso un lavoro in collaborazione con altri studenti, di mettere in moto tutte le conoscenze, le strategie e le risorse di cui dispone.
- Il compito attiva la comprensione, l'interazione e la produzione.

7. AL DI LÀ DELLA LINGUA
I documenti contenuti in questa sezione apportano una visione autentica della realtà italiana e aiutano a capire meglio alcuni aspetti culturali e sociali dell'Italia.

PROVE UFFICIALI
Ogni due unità si propongono due pagine dedicate alle certificazioni ufficiali di livello A1 con delle attività volte alla preparazione di diversi esami di lingua italiana. Si forniscono degli esempi delle varie tipologie di prove contenute in questi esami e si danno dei consigli utili.

DIARIO D'APPRENDIMENTO
Ogni due unità si presenta il diario di apprendimento che permette allo studente di valutare le proprie conoscenze e le competenze acquisite nelle due unità di riferimento e di riflettere sull'evoluzione del suo apprendimento.

STRUTTURA DEL LIBRO DELLO STUDENTE

LE PAGINE DI APERTURA DELL'UNITÀ:

per entrare in contatto e osservare

Il compito finale sul quale è incentrata l'unità.

I temi e le risorse trattati nell'unità e utilizzati per realizzare il compito.

Le competenze sviluppate nel corso dell'unità.

TESTI E CONTESTI:

per familiarizzare e interagire con i compagni

L'attività è accompagnata da un documento audio. L'attività sviluppa la comprensione orale.

Il testo in rosso indica il modello di lingua per le produzioni orali.

L'attività sviluppa la comprensione scritta.

Notizie, curiosità, informazioni sulla cultura italiana.

Risorse lessicali per la produzione.

L'attività sviluppa l'interazione orale.

ALLA SCOPERTA DELLA LINGUA:
per osservare, scoprire e comprendere

Strategie per apprendere e agire in maniera efficace.

Attività di osservazione della lingua.

Attività intermedia di allenamento e preparazione al compito finale.

Attività per costruire le proprie regole.

QUALCOSA IN PIÙ:
per approfondire e ampliare le proprie conoscenze

L'attività sviluppa la produzione orale.

RISORSE E UN PO' DI ALLENAMENTO:
per sistematizzare le proprie risorse

Pittogramma che richiama l'attenzione su un aspetto, un uso, un'eccezione.

Attività per organizzare il lessico trattato nell'unità.

Attività per praticare la pronuncia e l'intonazione.

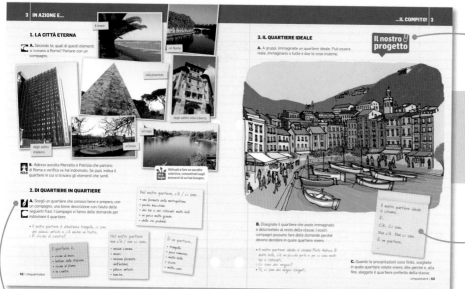

Il marchio che segnala il compito finale.

IN AZIONE E...
...IL COMPITO!:
per mettere alla prova le proprie conoscenze e realizzare un progetto con i compagni

Il testo in blu indica il modello di lingua per la produzione scritta.

L'attività sviluppa la produzione scritta.

AL DI LÀ DELLA LINGUA:
per conoscere e scoprire la cultura italiana e compararla con la propria

Attività che sviluppa la competenza interculturale.

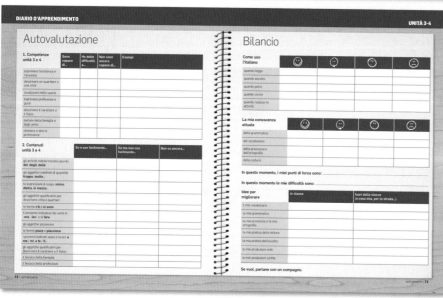

DIARIO D'APPRENDIMENTO:
per fare il bilancio delle proprie conoscenze e competenze

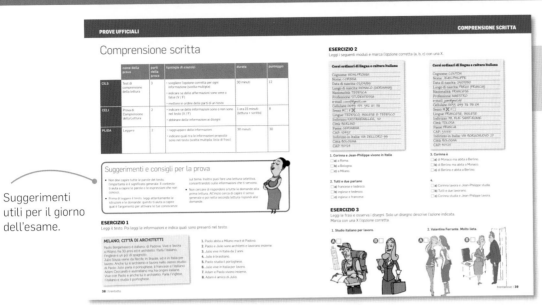

PROVE UFFICIALI:
per allenarsi per le
prove ufficiali

Suggerimenti
utili per il giorno
dell'esame.

FESTE:
per conoscere meglio
la cultura e le tradizioni
italiane e compararle con
quelle del proprio paese

La scheda di
presentazione della
regione con i dati generali
e le particolarità.

GIRO D'ITALIA:
per viaggiare attraverso
alcune regioni d'Italia (quelle
che non trovate in questo
volume, le troverete nel
secondo!)

Una citazione di un personaggio
rilevante della regione o di
un'opera significativa.

INDICE

1
BENVENUTI!

Elaborare dei cartelli con la lista dei nomi degli studenti, le parole importanti per la nostra classe, le espressioni e le parole più utili da utilizzare a lezione.

STRUMENTI PER IL NOSTRO PROGETTO:

I temi: la comunicazione in classe; i saluti e le presentazioni; il registro formale e informale; le parole più importanti; l'Italia e l'italiano.

Le risorse linguistiche: l'alfabeto; il presente indicativo di **essere**, **stare** e **chiamarsi**; il genere: maschile e femminile; gli articoli determinativi singolari; i saluti.

Le competenze:

riconoscere parole note su insegne e cartelli; riconoscere saluti e presentazioni; reperire elementi in documenti autentici.

riconoscere nomi propri; comprendere brevi dialoghi con saluti e presentazioni; riconoscere e capire gli elementi della comunicazione in classe.

presentarsi: dire e compitare il proprio nome; utilizzare frasi semplici per comunicare in classe.

chiedere il nome; salutare e rispondere a un saluto; comunicare in classe.

scrivere liste di nomi, parole ed espressioni per dei cartelli per la classe.

PAROLE, PAROLE, PAROLE...

Conosci delle parole italiane?
Cercale tra queste fotografie.

1. BUONGIORNO A TUTTI!

A. Il tuo insegnante d'italiano non ti conosce ancora. Presentati.

• Buongiorno, io sono Philippe.

B. Adesso scrivi il tuo nome su un cartellino e mettilo sul banco.

2. C DI CIAO

traccia 01

A. Ascolta la registrazione e prova a scrivere le parole mancanti.

A (a) di amore	**L (elle)** di lasagna	**U (u)** di uscita
B (bi) di buongiorno	**M (emme)** di	**V (vu, vi)** di ....
C (ci) di ciao	**N (enne)** di Napoli	**Z (zeta)** di zaino
D (di) di	**O (o)** di olio	
E (e) di elegante	**P (pi)** di	**J (i lunga)** di Juventus
F (effe) di Ferrari	**Q (cu)** di quando	**K (cappa)** di kebab
G (gi) di gelato	**R (erre)** di	**W (doppia vu)** di wifi
H (acca) di hotel	**S (esse)** di San Remo	**X (ics)** di taxi
I (i) di	**T (ti)** di Torino	**Y (ipsilon)** di yogurt

B. Adesso prova a ripetere l'alfabeto italiano utilizzando delle parole che conosci.

stra tegie Le parole di una lingua straniera che conosciamo già ci aiutano a imparare lessico nuovo.

PAROLE UTILI

Adèle = «e con accento aperto»
Désirée = «e con accento chiuso»
Björn = «o con dieresi»
François = «c con cediglia»
João = «a con la tilde»
Benoît = «i con accento circonflesso»

3. MONICA, VALENTINO, LAURA E ROBERTO

traccia 02

A. Conosci questi quattro personaggi italiani? Prova a scrivere il loro cognome e poi controlla con la registrazione.

B. Conosci altri nomi italiani? Di' se, secondo te, sono maschili o femminili.

1. Monica ....

2. Laura ....

3. Valentino ....

4. Roberto ....

C. Adesso di' al tuo compagno di banco come si scrivono il tuo nome e il tuo cognome.

• (Io) mi chiamo Claire Lacroix. C, L, A, I, R, E, L, A, C, R, O, I, X.

Il nostro progetto

Il compitino: Quali sono i nomi più comuni della vostra classe? Fate una classifica e cercate, se esiste, la traduzione in italiano.

4. LE MIE PAROLE

A. Queste parole sono molto importanti per gli italiani. Conosci il loro significato? Cercale nel dizionario o domanda al tuo insegnante.

• Cosa significa "felicità"?

B. Pensa a tre parole importanti per te. Le sai dire in italiano? Usa il dizionario o domanda al tuo insegnante.

• Come si dice "amitié" in italiano?
□ Amicizia.
• E come si scrive?
□ A,M,I,C,I,Z,I,A.

C. Adesso presenta le tue parole ai compagni.

• Le mie parole sono libertà, viaggiare e musica.

amore
felicità
famiglia
solidarietà

1. PIACERE!

A. Osserva come si presentano queste persone: noti delle differenze nelle due situazioni? Parlane con un compagno.

 Quando impariamo una lingua straniera, impariamo anche le norme sociali e la cultura di un paese. È molto utile e importante conoscere le abitudini di un popolo per relazionarsi correttamente.

> Ciao, io sono Stefano. E tu come ti chiami?
>
> Mi chiamo Alessandro, piacere.
>
> Altrettanto. E tu sei...?
>
> Io sono Flavia, piacere.
>
> Piacere.

> Lei è il signor Ferretti?
>
> Sì, sono io. E Lei come si chiama?
>
> Sabbadini, Chiara Sabbadini. Molto lieta.

 B. Osserva nuovamente i dialoghi e completa questo quadro.

CHIEDERE IL NOME		PRESENTARSI
informale	formale	
Tu sei...?	....	Io sono Stefano
....	Come si chiama?	....

 C. Insieme a dei compagni scegli una situazione (formale o informale) e poi presentatevi. Se volete potete usare dei nomi italiani che conoscete per le vostre presentazioni.

 curiosità

Gli italiani quando si presentano si danno sempre la mano, anche tra giovani e se la situazione è molto informale.

2. BUONGIORNO PROFESSORE!

A. Osserva come si salutano queste persone in diverse situazioni e di' quali, secondo te, sono formali e quali informali.

Buongiorno professore. Come va?

Bene, grazie. E Lei?

Non c'è male.

Ciao Giulia, come stai?

Benissimo! E tu?

Buonasera dottoressa Paoli, come sta?

Così, così. E Lei?

Sto bene, grazie.

Arrivederci!

Ciao!

B. Osserva di nuovo i dialoghi e completa il quadro dei saluti.

QUANDO SI ARRIVA	QUANDO SI VA VIA
Buongiorno	....
....	....

D. Formale o informale? Ascolta questi dialoghi e indica l'opzione corretta.

traccia 03

	Formale	Informale
1		
2		
3		
4		

C. Adesso completa il quadro con le risposte che trovi nei dialoghi e poi confrontati con un compagno.

DOMANDE	RISPOSTE
Come va?	Benissimo
Come stai?	....
Come sta?	....
	....

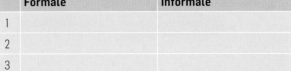

curiosità

In italiano esiste un saluto che va bene sia per le situazioni informali che per quelle formali: "Salve!". Lo puoi usare quando non sei sicuro se dare del tu o del Lei.

3. LUOGHI CONOSCIUTI

 A. Conosci questi luoghi? Abbina le etichette alle foto con un compagno. Poi indicate quali di questi nomi sono maschili e quali femminili.

l'Arena di Verona   il teatro di Taormina   l'Arco di Costantino

lo stadio San Siro di Milano   il ponte di Rialto

la Cappella Sistina   la Scala di Milano

MASCHILE	FEMMINILE
ponte	Scala
....	....
....	....
....	....

 B. Osserva nuovamente le etichette e completa il quadro degli articoli determinativi.

MASCHILE	FEMMINILE
il ponte	*la* cappella
.... arco	.... Arena
.... stadio	.... Scala

C. Come si chiamano questi luoghi nella tua lingua?

• *La Cappella Sistina nella mia lingua si dice "Sixtinische Kapelle".*

Tutte le strade portano a Roma.

Proverbio italiano

1. IN CLASSE

traccia 04 Osserva le illustrazioni e segna gli oggetti che senti.

lo zaino

la penna rossa

il quaderno

la matita

il cellulare

il temperino

l'evidenziatore

l'agenda

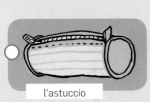
l'astuccio

la gomma

la penna blu

lo scotch

Il nostro progetto

Il compitino: e tu quali di questi oggetti hai? Scegline uno e mostralo ai tuoi compagni che devono dire come si chiama. Il più veloce a rispondere continua il gioco.

2. LEZIONE D'ITALIANO

traccia 05 Osserva le illustrazioni e abbinale alle frasi, poi controlla con la registrazione.

1

2

3

4

5

6

A. Puoi venire alla lavagna, per favore?

B. Aprite il libro a pagina 25.

C. Puoi tornare al tuo posto, grazie.

D. Silenzio, per favore!

E. Scrivete sul vostro quaderno.

F. Posso cancellare?

SALUTARE E PRESENTARSI

- **Buongiorno** signora Cittadini, **come sta?**
- Buongiorno! **Bene**, grazie, e Lei?

- **Ciao** Lorenzo, **come stai?**
- **Benissimo!** E tu?

👁 In italiano per il trattamento formale si usa il **Lei** (con la L maiuscola) sia per gli uomini che per le donne.

Come **ti** chiami? (informale)
Come **si** chiama? (formale)
Mi chiamo + nome e cognome
Mi chiamo Chiara Piva.

Tu **sei** ...? (informale)
Lei **è**...? (formale)
Io sono + nome (e cognome)
Io sono Andrea Rossi.

ARTICOLI DETERMINATIVI SINGOLARI

MASCHILE		FEMMINILE	
il + consonante	*il libro*	**la** + consonante	*la matita*
l' + vocale, *h*	*l'astuccio*	**l'** + vocale	*l'acqua*
lo + *z, s* + consonante	*lo zaino, lo studente*		

IL GENERE

MASCHILE	FEMMINILE
quadern**o**	lavagn**a**
evidenziator**e**	class**e**

👁 Alcuni sostantivi maschili terminano in **-a**, come *cinema, problema, telegramma*; alcuni sostantivi femminili terminano in **-o**, come *radio* e *mano*.

I PRONOMI SOGGETTO

io
tu
lui / lei / Lei (formale)
noi
voi
loro

ESSERE

sono
sei
è
siamo
siete
sono

STARE

sto
stai
sta
stiamo
state
stanno

CHIAMARSI

mi chiamo
ti chiami
si chiama
ci chiamiamo
vi chiamate
si chiamano

👁 In italiano generalmente non si usa il pronome soggetto. Osserva bene le desinenze delle forme dei verbi per capire il perché.

1. **Modi di rispondere alle domande** come stai?
e come va?

😊 ....

🙂 ....

😐 ....

🙁 .... *male*

2. Un saluto per ogni situazione.

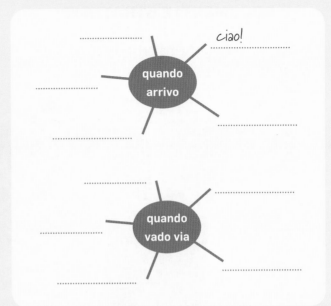

quando arrivo — *ciao!*

quando vado via

3. Cosa dice lo studente?

Puoi ripetere, per favore?

....

....

....

4. Cosa dice l'insegnante?

....

....

....

Suoni e lettere

traccia 06

A. Osserva come si pronunciano le lettere C e G, poi completa il quadro.

casa, **Co**losseo, **cu**ore	**c** + a, o, u si pronuncia [k]
ami**che**, **chi**esa	.... si pronuncia [k]
cena, arriveder**ci**, **ci**ao	**c** + e, i si pronuncia [tʃ]
gatto, la**go**, **gui**da	.... si pronuncia [g]
spa**ghe**tti, dialo**ghi**	**gh** + e, i si pronuncia [g]
gelato, vi**gi**le, buon**gi**orno	**g** + e, i si pronuncia [dʒ]

B. Pronuncia questi nomi.
Chiara, Carla, Cecilia, Luigi, Franco, Giovanna, Gabriele, Guido, Margherita, Angela.

C. Ricordi altre parole che contengono questi suoni?

....

....

....

....

GIOIA MIA! — OH CARO!

1. DOCUMENTI E STRATEGIE

A. Osserva questo materiale trovato a Milano e indica di che tipo di documenti si tratta.

b&b Duomo 3
il bed and breakfast nel cuore di Milano

Colazione servita in camera
Internet Wi-Fi gratuito
Bagno in camera con doccia
Riscaldamento
Asciugacapelli
Ascensore
Deposito bagagli
Informazioni turistiche

Via Torino 44, 20123 Milano
tel +39 347 796 17 – info_bbduomo@bbduomo.it

1 ATM AZIENDA TRASPORTI MILANESI S.p.A. — ITINERO
p.iva 12883390150
ORDINARIO URBANO
TARIFFA EURO 1,50
VALE 90' DALLA CONVALIDA a Milano su ATM e Trenord.
CONSENTE UN SOLO ACCESSO IN METROPOLITANA E FERROVIE (Passante compreso)
02735 0474169418   VG 20   7509.5
IL POSSESSORE DEL BIGLIETTO È RESPONSABILE DELL'INTEGRITÀ DEL TITOLO DI VIAGGIO E DELLA SUA CONSERVAZIONE

4 Pinacoteca di Brera
Via Brera, 28
20121 Milano
tel. +39 02 722631
www.brera.beniculturali.it
Ingresso dal cortile d'onore, 1° piano
Accesso e parcheggio disabili da via Fiori Oscuri 2

5 Ponte Rosso
Trattoria
Ripa di Porta Ticinese 23
20143 Milano
tel. 02.8373113, 86.1196924
ponterosso@trattoriapontcrosso.it
www.trattoriapontcrosso.it
chiuso la domenica sera

6 JF 9885412 TRENITALIA
BIGLIETTO CON PRENOTAZIONE
FRECCIAROSSA
BASE
DA ESIBIRE IN CASO DI CAMBIO TRENO
Con questo viaggio risparmi circa 32Kg di CO2 (vedi retro**)
N. 1 ADULTI
Data 12.12   Ora 13.20   Partenza MILANO CENTRALE ---> Arrivo FIRENZE S.M.N.   Data 12.12   Ora 15.05   Servizio 2
TRENO 9533   CARROZZA 009   POSTI 76 FINESTRINO
TARIFFA BASE AV
TOT.BIGL.N.1
EUR ****53,00
C.CREDITO
P.IVA 05403151003
00141 1014 MILANO C.LE   121211 13:02 00894-124   830243780102 0749JF9885412   PNR:EZ8ZG5 CP:437801

- ○ una cartina della città
- ○ un biglietto del treno
- ○ il volantino di un'esposizione
- ○ il biglietto da visita di un Bed & Breakfast
- ○ il volantino di un ristorante
- ○ un biglietto della metropolitana

B. Secondo il tipo di documento, puoi capire alcune parole? Parlane con un compagno.

C. Cosa sai adesso di Milano? Condividi queste informazioni con i tuoi compagni.

2. CHE COS'È?

traccia 07

Ascolta queste registrazioni e di' a quali di questi luoghi si riferiscono.

strategie Grazie al contesto e alle conoscenze acquisite possiamo già riconoscere e comprendere molte cose.

un'aula ☐
una stazione ☐
una strada ☐
un bar ☐

3. LA BACHECA

Il nostro progetto

In tre gruppi. Ogni gruppo deve fare un cartello. Gruppo A: cartello della lista dei nomi e cognomi degli studenti del gruppo-classe. Gruppo B: cartello con le parole o le frasi più utili in italiano. Gruppo C: cartello delle parole importanti.

IL NOSTRO GRUPPO

Camille Dubois

Christian Angelini

PAROLE E FRASI UTILI

SALUTARE:

BUONGIORNO!   COME VA?   CIAO!

Lavagna

Matita

COSA SIGNIFICA?

PAROLE IMPORTANTI:

AMORE

Musica

AMICIZIA

felicità

Ecco l'Italia!

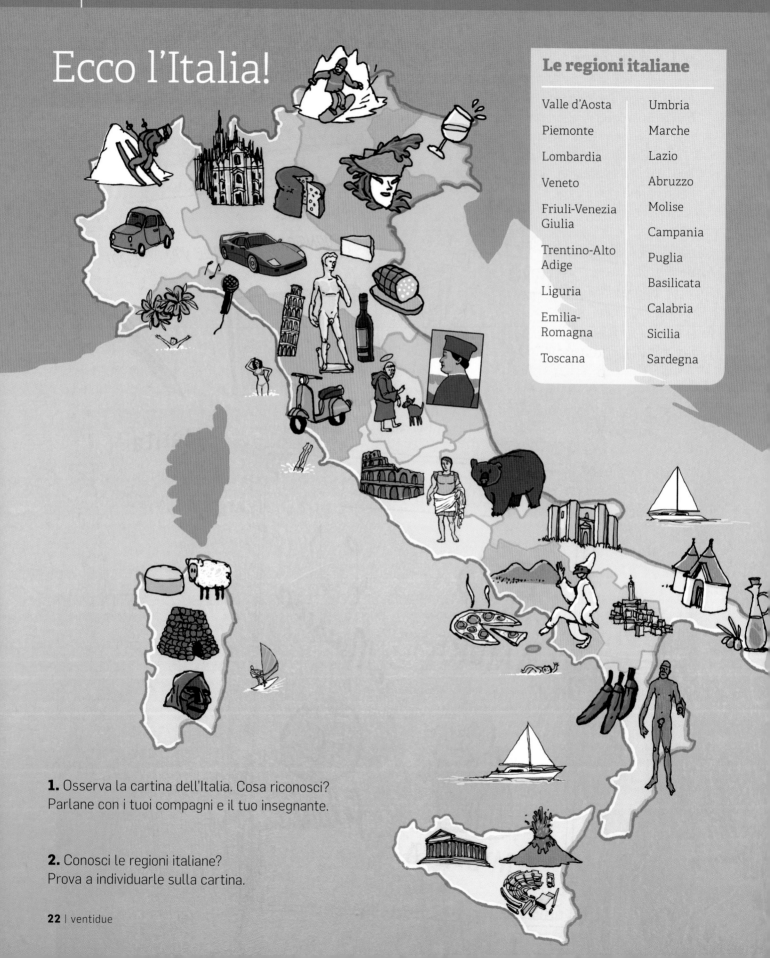

Le regioni italiane

Valle d'Aosta	Umbria
Piemonte	Marche
Lombardia	Lazio
Veneto	Abruzzo
Friuli-Venezia Giulia	Molise
Trentino-Alto Adige	Campania
Liguria	Puglia
Emilia-Romagna	Basilicata
	Calabria
Toscana	Sicilia
	Sardegna

1. Osserva la cartina dell'Italia. Cosa riconosci?
Parlane con i tuoi compagni e il tuo insegnante.

2. Conosci le regioni italiane?
Prova a individuarle sulla cartina.

DOLOMITI

ROMA

VENEZIA

ITALIA

Capitale: Roma
Popolazione: 60.742.397
Principali città: Milano, Napoli, Torino, Palermo, Genova, Bologna, Firenze...
Festa nazionale: 2 giugno
Lingue: italiano, tedesco (Trentino-Alto Adige), francese (Valle d'Aosta), sloveno (Friuli-Venezia Giulia), catalano (Alghero) e dialetti regionali (in tutta la penisola).
Specialità: pasta, pizza, caffè, gelato
Dominio internet: .it

LINGUA ITALIANA

L'italiano è una lingua romanza, deriva dal latino, ed è la lingua ufficiale dell'Italia, della Repubblica di San Marino, del Canton Ticino (Svizzera) e della Città del Vaticano. È la seconda lingua ufficiale dell'Istria (Croazia) e di alcune città della Slovenia.

DANTE ALIGHIERI

FIRENZE

TOSCANA

ALESSANDRO MANZONI

PUGLIA

SARDEGNA

3. E adesso presenta il tuo paese e la tua lingua.

2
LEI È CAROLINE

Fare il ritratto di un compagno per presentarlo alla classe.

Il nostro progetto

STRUMENTI PER IL NOSTRO PROGETTO:

I temi: documenti d'identità e di riconoscimento italiani; alcune professioni e luoghi di lavoro; personaggi di fumetti italiani; lingue straniere e nazionalità; il gioco del SuperEnalotto; nomi e cognomi italiani; il gioco della tombola.

Le risorse linguistiche: Il presente indicativo dei verbi regolari in **-are** ed **-ere** e dei verbi irregolari **avere** e **venire**; le preposizioni **a**, **di**, **in**, **da**; gli aggettivi di nazionalità; la formazione del plurale; gli articoli indeterminativi singolari; i numeri da 0 a 100.

Le competenze:

riconoscere e reperire informazioni personali su documenti d'identità e di riconoscimento; riconoscere e comprendere informazioni personali; individuare le informazioni fondamentali di brevi e semplici testi di carattere culturale.

riconoscere numeri e dati personali, comprendere perché una persona studia una lingua.

fare delle brevi presentazioni.

chiedere e dare informazioni personali; chiedere e dire perché si studia l'italiano.

scrivere una descrizione schematica per presentare qualcuno.

DOCUMENTI, PREGO!

A. Questi sono dei documenti italiani, comparali con quelli del tuo paese. E tu, quale documento porti sempre con te?

B. Osserva nuovamente i documenti e completa le informazioni di queste persone. ➔ ESERCIZI

Biblioteche di Roma

Biblioteca Casa del Parco

biblio card

Nome: **Lorenzo**
Cognome: **Benedetti**
Professione: **Studente**

FARMACIA

DR. G. V. TARANTINO

ANTICA FARMACIA dal 1887

FIORI di BACH

FITOTERAPIA

VETERINARIA

LOZIONI & ELISIR

COSMESI

OMEOPATIA

ts

REPUBBLICA ITALIANA
TESSERA SANITARIA

Codice Fiscale **LCNMHL94S30G273C**
Cognome **LO IACONO**
Nome **MICHELE**
Luogo di nascita **PALERMO**
Provincia **PA**
Data di nascita **30/11/1974**

Data di scadenza **02/02/2019**

Sesso **M**

Dati sanitari regionali

1. SONO INVESTIGATORE... DELL'INCUBO

 **A.** Questi sono i protagonisti di alcuni fumetti famosi in Italia. Leggi le loro presentazioni e poi prova ad abbinare la nazionalità al paese.

MI CHIAMO DYLAN DOG, SONO INGLESE E SONO INVESTIGATORE... DELL'INCUBO.

MI CHIAMO JULIA, SONO AMERICANA E SONO CRIMINOLOGA.

MI CHIAMO JAN DIX, SONO OLANDESE E SONO CONSULENTE DEL RIJKSMUSEUM DI AMSTERDAM.

MI CHIAMO NAPOLEONE, SONO METÀ ITALIANO E METÀ FRANCESE E SONO PROPRIETARIO DI UN ALBERGO.

© 2012 Sergio Bonelli Editore disegni di Angelo Stano

© 2012 Sergio Bonelli Editore disegni di Luca Vannini

© 2012 Sergio Bonelli Editore disegni di Carlo Ambrosini

© 2012 Sergio Bonelli Editore disegni di Carlo Ambrosini

 America (Stati Uniti)   Italia   Olanda   Francia  Inghilterra

B. Pensa al personaggio di un fumetto e di' il suo nome: i tuoi compagni devono indovinare la nazionalità e, se possibile, la professione.

- Tintin.
- È francese, è reporter.
- No, non è francese, è belga.

PAROLE UTILI

- giapponese
- cinese
- argentino/a
- belga
- messicano/a
- svizzero/a

PAROLE UTILI

 scrittore/ scrittrice

 fotografo/a

 giornalista

imprenditore/ imprenditrice

  poliziotto/a

 attore/ attrice

 scienziato/a

marinaio

2. STUDIO L'ITALIANO PER AMORE

A. Ecco cinque motivi per studiare l'italiano. Abbina gli enunciati alle foto corrispondenti, poi aggiungi altri motivi.

1. per lavoro
2. per ascoltare musica italiana
3. per turismo
4. per leggere libri italiani
5. per amore

B. Adesso ascolta questi tre studenti: che lingua studiano e perché? → ESERCIZI

traccia 08

strategie

Definire il motivo per cui si studia una lingua è importante per stabilire gli obiettivi e le priorità.

Il nostro progetto

Il compitino: e tu perché studi italiano? Scrivilo su un foglietto e mettilo insieme a quelli dei compagni. Poi prendi un foglietto a caso e indovina chi l'ha scritto. Dopo compilate insieme una lista con i motivi del vostro gruppo.

- "Studio italiano per lavoro"... Sophie!
- □ No, sbagliato!
- E perché studi italiano?
- □ Per leggere libri italiani.
- "Studio italiano per amore"... Nicolas!
- □ Sì, giusto!

1. DA ZERO A CENTO

A. Osserva i numeri da zero a cento. Scrivi quelli che mancano e poi ascolta la registrazione per verificare.

traccia 09

B. I numeri nella tua lingua sono tanto diversi? Di' se c'è qualcosa che ti sorprende.

0 zero	**12** dodici	**24**	**36** ....
1 uno	**13** tredici	**25**	**37** trentasette
2 due	**14** quattordici	**26** ventisei	**38** ....
3 tre	**15** quindici	**27**	**39** ....
4 quattro	**16** sedici	**28** ventotto	**40** quaranta
5 cinque	**17** diciassette	**29**	**50** cinquanta
6 sei	**18** diciotto	**30** trenta	**60** sessanta
7 sette	**19** diciannove	**31**	**70** settanta
8 otto	**20** venti	**32** trentadue	**80** ....
9 nove	**21** ventuno	**33**	**90** ....
10 dieci	**22** ventidue	**34** trentaquattro	**100** cento
11 undici	**23** ventitré	**35**	

C. Adesso chiedi ai tuoi compagni quanti anni hanno e poi fate la media dell'età della classe.

• Quanti anni hai?
◦ 28, e tu?

stra tegie Per memorizzare meglio i numeri, utilizzali per contare qualcosa, per imparare a memoria un numero di telefono o un indirizzo...

2. TELEFONO O TELEFONINO?

A. Ascolta le registrazioni e scrivi sul tuo quaderno i numeri che senti.

traccia 10

B. Ora chiedi a un tuo compagno il numero di telefono e l'e-mail.

• Qual è il tuo numero di telefono?
◦ 06 41 27 55
• E la tua e-mail?
◦ lea@gmails.com

PAROLE UTILI

chiocciola   telefono fisso   cellulare

curiosità

In Italia il numero che porta sfortuna è il 17, e non il 13. Il motivo si trova nella grafia latina: XVII, che anagrammato diventa VIXI, "sono vissuto" e quindi "sono morto". Anche il 13, però, in un caso porta male: a tavola! Questo perché, 13 a tavola, ricorda il numero dei partecipanti dell'Ultima Cena. Ma esiste una soluzione: il corno portafortuna!

3. LAVORA IN UNA SCUOLA DI DANZA

A. Osserva queste persone e completa le frasi che trovi sotto l'illustrazione.

1. .... lavora in una banca.
2. .... lavora in uno studio fotografico.
3. .... lavora in un albergo.
4. .... lavora in un'agenzia di moda.
5. .... lavora in una scuola di danza.
6. .... lavora in un ristorante.

 B. Adesso ascolta la conversazione tra i camerieri del bar e verifica le tue risposte.

traccia 11

66 **Tutti i mestieri danno pane.** **99**

Proverbio italiano

 C. Osserva le frasi del punto A e poi completa il quadro.

ARTICOLI INDETERMINATIVI

maschile	femminile
un ristorante	.... scuola
.... albergo	.... agenzia
.... studio	

 D. E tu? Con l'aiuto del dizionario, di' ai tuoi compagni dove lavori.

• Tu dove lavori?
▫ Io lavoro in una galleria d'arte.

4. CITTADINI DEL MONDO

A. Oggi all'aeroporto di Milano fanno un'inchiesta sulla mobilità e sulla conoscenza delle lingue. Osserva le illustrazioni e abbina i fumetti ai personaggi.

1. Di dov'è / Di dove sei?
....
2. Dove vive / Dove vivi?
....
3. Che lingue parla / Che lingue parli?
....

A Siamo giapponesi ma viviamo in America. Parliamo il giapponese, l'inglese e un po' d'italiano.

C Sono italiano ma vivo a Berlino. Parlo l'italiano, il tedesco, l'inglese e un po' di francese.

D Siamo russe ma viviamo a Milano. Parliamo il russo, l'italiano e l'inglese.

E Siamo americani, viviamo in Brasile e parliamo l'inglese, il portoghese e un po' d'italiano.

B Sono scozzese, di Glasgow ma vivo a Edimburgo. Parlo l'inglese, lo spagnolo e l'italiano.

 C. Osserva nuovamente il testo dei fumetti e completa il quadro. Poi prova a ricostruire la regola.

viviamo a *Milano*	
vivo a	.... + città
	VIVERE
viviamo in *America*	
viviamo in	.... + paese

 B. Osserva il testo dei fumetti e poi completa il quadro.

SINGOLARE	PLURALE
italiano	*italiani*
....	americani
russa	russe
giapponese	giapponesi
scozzese	....

Il nostro progetto

Il compitino: e tu che lingue parli? Dillo ai tuoi compagni e dopo fate una classifica delle lingue più parlate della classe.

IL FLAMENCO È...

A. Questi sono degli elementi tipici di alcuni paesi. Sai dire quali?

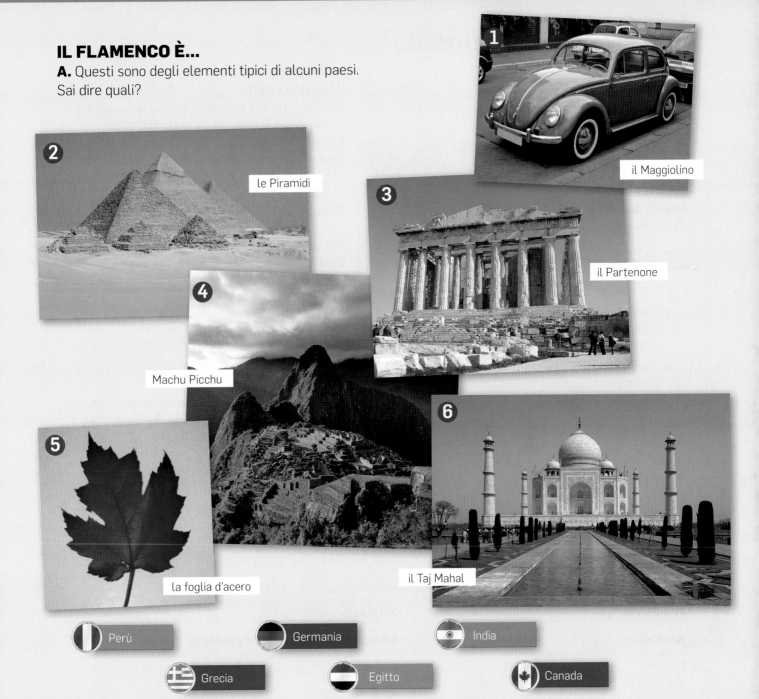

1 il Maggiolino

2 le Piramidi

3 il Partenone

4 Machu Picchu

5 la foglia d'acero

6 il Taj Mahal

Perù
Germania
India
Grecia
Egitto
Canada

B. Adesso abbina i paesi agli aggettivi corrispondenti.

....	tedesco/a
....	indiano/a
....	egiziano/a
....	greco/a
....	peruviano/a
....	canadese

C. Di' tre elementi caratteristici che ti piacciono, i tuoi compagni devono indovinare di che paese sono.

• Pasta, samba e kimono.
□ Italia, Cuba e Giappone!
• No, la samba non è cubana, è brasiliana!

CHIEDERE E DARE INFORMAZIONI PERSONALI

ORIGINE E PROVENIENZA

Di dove sei?
Essere + aggettivo di nazionalità
Sono russo.
Essere + **di** + città
*Sono **di** Mosca.*

Da dove vieni?
Venire + **da** + città
*Vengo **da** Amsterdam / **da** Lisbona / **da** New York.*

 ~~Sono di Argentina.~~ Sono argentino/a.

ETÀ

Quanti anni hai/ha?
(Ho) 23 (anni).

RESIDENZA

Dove abiti / vivi?
Abitare / vivere + **in** + continente, paese, regione
*Abito / vivo **in** Europa / **in** Spagna / **in** Galizia.*
Abitare / vivere + **in** + **articolo** + paese
*Abito / vivo **negli** Stati Uniti / **nelle** Filippine / **nella** Repubblica Ceca.*
Abitare / vivere + **a** + città
*Abito / vivo **a** Ottawa.*

TELEFONO ED E-MAIL

Qual è il tuo numero di telefono?
(È il) 334 3217109.
Qual è la tua e-mail?
(È) sandra79@festweb.it

STUDIARE	VIVERE	AVERE	VENIRE
studi**o**	viv**o**	ho	ven**go**
stud**i**	viv**i**	hai	vi**e**ni
studi**a**	viv**e**	ha	vi**e**ne
studi**amo**	viv**iamo**	abbiamo	veniamo
studi**ate**	viv**ete**	avete	venite
studi**ano**	viv**ono**	hanno	ven**gono**

Studiare fa parte del gruppo in **-are** e *vivere* del gruppo in **-ere**. Sono verbi regolari. Come *studiare* si coniugano *parlare, lavorare, abitare, chiamarsi...*; come *vivere* si coniugano *scrivere, prendere, chiedere...*

AGGETTIVI DI NAZIONALITÀ

SINGOLARE		PLURALE	
MASCHILE	**FEMMINILE**	**MASCHILE**	**FEMMINILE**
italian**o**	italian**a**	italian**i**	italian**e**
australian**o**	australian**a**	australian**i**	australian**e**
frances**e**		frances**i**	
cines**e**		cines**i**	

Il nome e l'aggettivo concordano sempre in genere e numero:
*La ragazz**a** american**a**.*   *I ragazz**i** canades**i**.*

AFFERMARE E NEGARE

Sei austriaco?   Sei messicano?
Sì, di Vienna.   **No**, **non** sono messicano, sono colombiano.

SÌ, SONO ITALIANO.

ARTICOLI INDETERMINATIVI

MASCHILE		FEMMINILE	
un + consonante **un** + vocale, *h* **uno** + *z*, *s* + consonante	*un ristorante* *un hotel* *uno studio fotografico*	**una** + consonante **un'** + vocale	*una banca* *un'agenzia di moda*

1. **Completa queste mappe mentali seguendo gli esempi.**

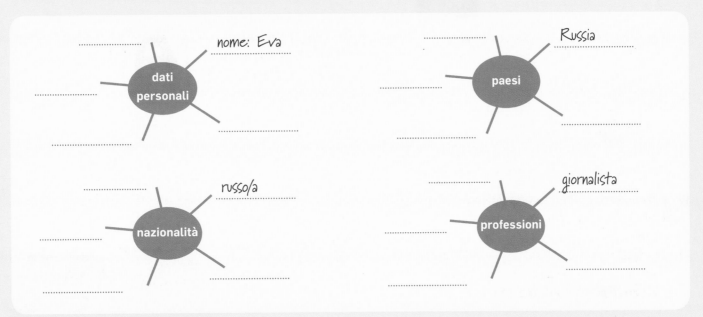

dati personali — nome: Eva

paesi — Russia

nazionalità — russo/a

professioni — giornalista

Suoni e lettere

A. Ascolta la registrazione e indica su quale sillaba cade l'accento. Che caratteristica hanno le parole con l'accento sull'ultima sillaba?

traccia 12

abitare	età	ottanta	canadese
città	nazionalità	scrivere	undici
portoghese	numero	svizzero	ventitré

B. Ascolta come si pronunciano queste parole e prova a indicare se la e e la o sottolineate sono aperte [ɛ] [ɔ] o chiuse [e] [o].

traccia 13

tre	patente	v<u>e</u>nti
t<u>e</u>ssera	s<u>e</u>tte	tel<u>e</u>fono
s<u>e</u>dici	z<u>e</u>ro	

<u>o</u>tto	fot<u>o</u>grafo	d<u>o</u>dici
n<u>o</u>ve	am<u>o</u>re	lav<u>o</u>ro
att<u>o</u>re	Sc<u>o</u>zia	

TRE ROSE PER LA MIA BELLA!

1. ISCRIZIONE AL CORSO

 A. Queste tre persone si iscrivono a un corso d'italiano. La segretaria della scuola gli chiede i dati personali. Ascolta e completa le loro schede.

traccia 14

● Scuola d'italiano
Leonardo da Vinci

①
Nome:

Cognome:

Nazionalità:

Età:

Lingue:

Telefono:

● E-mail:

②
● Scuola d'italiano
Leonardo da Vinci

Nome:

Cognome:

● Nazionalità:

Età:

Lingue:

Telefono:

● E-mail:

③
● Scuola d'italiano
Leonardo da Vinci

Nome:

Cognome:

● Nazionalità:

Età:

Lingue:

Telefono:

● E-mail:

B. Adesso completa una tessera con i dati di un tuo compagno sul tuo quaderno.

2. SUPERENALOTTO

Il SuperEnalotto è un gioco molto popolare in Italia. Marca sei numeri (tra l'1 e il 30) nel pannello A e sei numeri nel B, poi ascolta la registrazione e controlla se hai vinto.

traccia 15

3. IL RITRATTO DI...

A. Intervista un compagno che non conosci ancora molto bene. Prepara le domande e appunta le risposte seguendo questo modello.

Il nostro progetto

Si chiama Caroline Hunziker

Ha 15 anni

È svizzera, di Zurigo, ma vive a Parigi

La sua e-mail è carolinehun@gmails.fr

Il suo numero di telefono è 06 84 63 72

Parla il tedesco, il francese, e un po' d'italiano

Studia l'italiano per amore

Lavora in un'agenzia di moda

B. Adesso fai un ritratto del tuo compagno: inserisci una foto o un disegno e le informazioni che hai raccolto prima. Poi metti il tuo lavoro in bacheca insieme a quelli dei tuoi compagni.

Nomi e cognomi italiani

1 I nomi italiani più classici sono Maria e Giuseppe, ma sono molto comuni anche Francesca e Marco. Secondo l'Istat (Istituto nazionale di statistica) i nomi
5 più di moda sono Giulia, Sofia, Martina, e Francesco, Alessandro e Andrea. I cognomi più diffusi sono Rossi, Russo, Ferrari ed Esposito.

10 Molti cognomi italiani sono legati al luogo di origine: Russo, Greco, Romano, Messina, Roma. Altri vengono da nomi di persona: Di Mauro, Di Stefano, Leonardi. Altri sono un augurio, come Bongiorno.
15 Il cognome indica la provenienza: per esempio Visentin e Zannol, che terminano con una consonante, sono tipici di Veneto e Friuli; se terminano in –au, come Bandau o Rau, sono tipici della
20 Sardegna; cognomi come Lo Iacono o Lo Piccolo sono siciliani.

Le cinque combinazioni di nomi e cognomi più diffuse in Italia sono:
25 Giuseppe Russo, Antonio Russo, Antonio Esposito, Giuseppe Rossi e Salvatore Russo.

1. Quali sono i nomi e i cognomi più comuni nel tuo paese? Parlane con i tuoi compagni.

2. Osserva la foto: anche nel tuo paese ci sono i cognomi sui campanelli?

Tombola!

1   La tombola è un gioco molto popolare in Italia, soprattutto a
Natale. È originaria di Napoli ma si gioca in tutto il paese.
Per giocare servono un tabellone, le cartelle con i numeri e
dei fagioli secchi. Chi ha il tabellone prende un numero e lo
5   dice ad alta voce. Vince chi fa tombola, cioè chi copre tutti i
numeri della cartella. Ma esistono anche altri premi: ambo,
2 numeri sulla stessa riga; terno, 3 numeri sulla stessa
riga; quaterna, 4 numeri sulla stessa riga; cinquina, 5
numeri sulla stessa riga. Quando un giocatore vince un
10 premio, lo grida: ambo! cinquina! tombola!
Ogni numero corrisponde a una cosa: il 75 è Pulcinella,
per esempio, e i giocatori esperti non dicono i numeri,
ma "Pulcinella!". Per sapere a cosa corrisponde un
numero c'è la Smorfia, che va bene anche per il gioco
15 del Lotto.

DETTAGLIO DELLA SMORFIA

FAGIOLI SECCHI PER
COPRIRE I NUMERI DELLE
CARTELLE

TABELLONE CON I NUMERI DA 1 A 90

NUMERI / CARTELLE CON 15 NUMERI

LA SMORFIA CON I NUMERI ILLUSTRATI

3. Hai capito le regole? Allora giochiamo!

Comprensione scritta

	nome della prova	parti della prova	tipologia di esercizi	durata	punteggio
CILS	Test di comprensione della lettura	3	• scegliere l'opzione corretta per ogni informazione (scelta multipla) • indicare se delle affermazioni sono vere o false (V / F) • mettere in ordine delle parti di un testo	30 minuti	12
CELI	Prova di Comprensione della Lettura	2	• indicare se delle informazioni sono o non sono nel testo (V / F) • abbinare delle informazioni ai disegni	1 ora 15 minuti: (lettura + scritto)	8
PLIDA	Leggere	2	• raggruppare delle informazioni • indicare quali tra le informazioni proposte sono nel testo (scelta multipla; lista di frasi)	30 minuti	30

Suggerimenti e consigli per la prova

- Non devi capire tutte le parole del testo, l'importante è il significato generale. Il contesto ti aiuta a capire le parole o le espressioni che non conosci.

- Prima di leggere il testo, leggi attentamente le istruzioni e le domande: questo ti aiuta a capire qual è l'argomento per attivare le tue conoscenze sul tema. Inoltre puoi fare una lettura selettiva, concentrandoti sulle informazioni che ti servono.

- Non cercare di rispondere a tutte le domande alla prima lettura. All'inizio cerca di capire il senso generale e poi nella seconda lettura rispondi alle domande.

ESERCIZIO 1

Leggi il testo. Poi leggi le informazioni e indica quali sono presenti nel testo.

MILANO, CITTÀ DI ARCHITETTI

Paolo Bergamasco è italiano, di Padova. Vive e lavora a Milano, ha 30 anni ed è architetto. Parla l'italiano, l'inglese e un po' di spagnolo.
Julio Sousa viene da Recife, in Brasile, ed è in Italia per lavoro. Anche lui è architetto e lavora nello stesso studio di Paolo. Julio parla il portoghese, il francese e l'italiano.
Adam Ceccarelli è australiano ma ha origini italiane. Vive con Paolo e anche lui è architetto. Parla l'inglese, l'italiano e studia il portoghese.

1. Paolo abita a Milano ma è di Padova.
2. Paolo e Julio sono architetti e lavorano insieme.
3. Julio vive in Italia da 2 anni.
4. Julio è brasiliano.
5. Paolo studia il portoghese.
6. Julio vive in Italia per lavoro.
7. Adam e Paolo vivono insieme.
8. Adam è amico di Julio.

ESERCIZIO 2

Leggi i seguenti moduli e marca l'opzione corretta (a, b, c) con una X.

Corsi ordinari di lingua e cultura italiana

Cognome: WOHLFROMM
Nome: CORINNA
Data di nascita: 02/04/89
Luogo di nascita: MONACO (GERMANIA)
Nazionalità: TEDESCA
Professione: STUDENTESSA
e-mail: cowolf@gmails.com
Cellulare: 0049 171 342 61 56
Sesso: M ☐ F ☒
Lingue: TEDESCO, INGLESE E FRANCESE
Indirizzo: KASTANIENALLEE, 10
Città: BERLINO
Paese: GERMANIA
CAP: 10435
Indirizzo in Italia: VIA DELL'ORO 99
Città: BOLOGNA
CAP: 40124

Corsi ordinari di lingua e cultura italiana

Cognome: COUTON
Nome: JEAN-PHILIPPE
Data di nascita: 24/07/80
Luogo di nascita: PARIGI (FRANCIA)
Nazionalità: FRANCESE
Professione: MAESTRO
e-mail: jpami@gmail.dif
Cellulare: 0033 649 76 78 04
Sesso: M ☒ F ☐
Lingue: FRANCESE, INGLESE
Indirizzo: 78, RUE SAINT-ROME
Città: TOLOSA
Paese: FRANCIA
CAP: 31000
Indirizzo in Italia: VIA BORGONUOVO 27
Città: BOLOGNA
CAP: 40125

1. Corinna e Jean-Philippe vivono in Italia

☐ **a)** a Roma.

☐ **b)** a Bologna.

☐ **c)** a Milano.

2. Tutti e due parlano

☐ **a)** francese e tedesco.

☐ **b)** inglese e tedesco.

☐ **c)** inglese e francese.

3. Corinna è

☐ **a)** di Monaco ma abita a Berlino.

☐ **b)** di Berlino ma abita a Monaco.

☐ **c)** di Berlino e abita a Berlino.

4.

☐ **a)** Corinna lavora e Jean-Philippe studia.

☐ **b)** Tutti e due lavorano.

☐ **c)** Corinna studia e Jean-Philippe lavora.

ESERCIZIO 3

Leggi le frasi e osserva i disegni. Solo un disegno descrive l'azione indicata.
Marca con una X l'opzione corretta.

1. Studio italiano per lavoro.

Ⓐ ☐   Ⓑ ☐

2. Valentina Ferrante. Molto lieta.

Ⓐ ☐   Ⓑ ☐

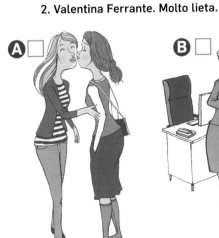 

Autovalutazione

1. Competenze unità 1 e 2	Sono capace di...	Ho delle difficoltà a...	Non sono ancora capace di...	Esempi
salutare qualcuno				
presentarmi (nome, età, nazionalità...)				
presentare qualcuno				
chiedere e dare informazioni personali				
fare lo spelling				
contare				
comunicare in classe				

2. Contenuti unità 1 e 2	So e uso facilmente...	So ma non uso facilmente...	Non so ancora...
l'alfabeto			
il presente del verbo **chiamarsi** e dei verbi in -**are** e in -**ere**			
il presente dei verbi **essere**, **avere**, **stare** e **venire**			
gli aggettivi di nazionalità			
gli articoli determinativi: **il**, **lo**, **l'**, **la**			
gli articoli indeterminativi: **un**, **uno**, **un'**, **una**			
il lessico dei dati personali			

Bilancio

Come uso l'italiano	😊	😐	😏	🙁
quando leggo				
quando ascolto				
quando parlo				
quando scrivo				
quando realizzo le attività				

La mia conoscenza attuale	😊	😐	😏	🙁
della grammatica				
del vocabolario				
della pronuncia e dell'ortografia				
della cultura				

In questo momento, i miei punti di forza sono: ....

In questo momento le mie difficoltà sono: ....

Idee per migliorare	in classe	fuori dalla classe (a casa mia, per la strada...)
il mio vocabolario		
la mia grammatica		
la mia pronuncia e la mia ortografia		
la mia pratica della lettura		
la mia pratica dell'ascolto		
le mie produzioni orali		
le mie produzioni scritte		

Se vuoi, parlane con un compagno.

3
IL MIO QUARTIERE

Il nostro progetto

Descrivere il nostro quartiere ideale e poi sceglierne uno per viverci.

STRUMENTI PER IL NOSTRO PROGETTO:

I temi: città e quartieri italiani; servizi di un quartiere; caratteristiche delle città; architetti italiani famosi.

Le risorse linguistiche: c'è e ci sono; il presente indicativo dei verbi in -isc-; gli articoli determinativi e indeterminativi plurali; alcune preposizioni articolate (**a** e **da**); gli aggettivi qualificativi e indefiniti; il plurale dei sostantivi; le espressioni di luogo; i numeri dopo il 100.

Le competenze:

reperire informazioni su biglietti da visita; comprendere brevi descrizioni di città e quartieri; valutare informazioni turistiche.

riconoscere informazioni relative a un quartiere e a una città.

esprimere preferenze; descrivere un quartiere, una città; dire dove si trova un oggetto.

chiedere e dare informazioni relative a una città o un quartiere; chiedere ed esprimere preferenze.

descrivere il quartiere di una città.

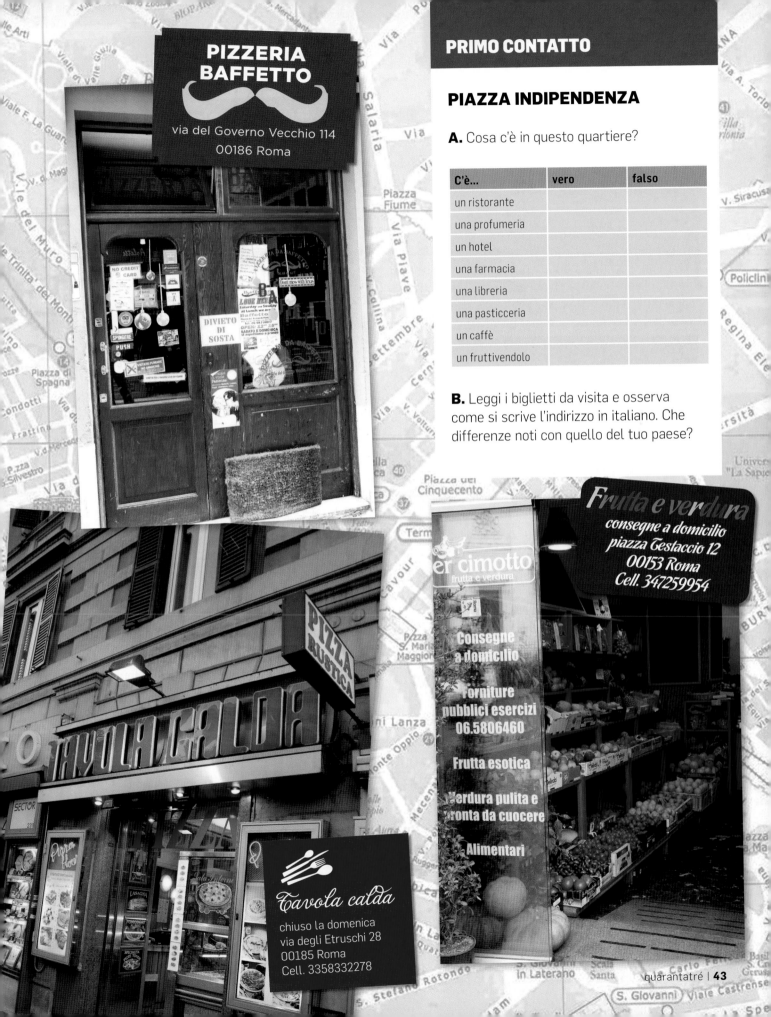

PIZZERIA BAFFETTO

via del Governo Vecchio 114
00186 Roma

PIAZZA INDIPENDENZA

A. Cosa c'è in questo quartiere?

C'è...	vero	falso
un ristorante		
una profumeria		
un hotel		
una farmacia		
una libreria		
una pasticceria		
un caffè		
un fruttivendolo		

B. Leggi i biglietti da visita e osserva
come si scrive l'indirizzo in italiano. Che
differenze noti con quello del tuo paese?

Frutta e verdura
consegne a domicilio
piazza Testaccio 12
00153 Roma
Cell. 347259954

er cimotto
frutta e verdura

Consegne
a domicilio

Forniture
pubblici esercizi
06.5806460

Frutta esotica

Verdura pulita e
pronta da cuocere

Alimentari

PIZZA
RUSTICA

Tavola calda
chiuso la domenica
via degli Etruschi 28
00185 Roma
Cell. 3358332278

1. DOVE SI VIVE MEGLIO?

A. Secondo un recente studio, le tre città in cui si vive meglio in Italia sono Belluno, Siena e Trento. Cercale sulla cartina dell'Italia.

• *Belluno è a nord.*

 B. Cosa dicono gli abitanti di queste città? Leggi le loro opinioni e indica gli aggettivi che distinguono ogni città dalle altre due.

VIVERE BENE
La rivista di chi vive bene

DOVE SI VIVE MEGLIO IN ITALIA?
La qualità della vita è migliore nelle piccole città di provincia

BELLUNO

Luca, 36 anni
Belluno è una città sicura e pulita, in centro ci sono dei bar e dei ristoranti molto carini. C'è anche un fiume, il Piave, e da ogni angolo della città si vedono le Dolomiti.

www.webdolomiti.net

Martina, 15 anni
È una città piccola, ha poco più di 36.000 abitanti, per questo è tranquilla e silenziosa. Ci sono degli edifici antichi molto belli ma io vivo in un palazzo moderno... un po' brutto!

TRENTO

Marco e Isabella, 25 anni
Trento non è grandissima però è una città moderna e cosmopolita ed è anche sicura. Ci sono tanti servizi: piste ciclabili, vie pedonali, negozi...

www.apt.trento.it

Giorgio, 18 anni
È una città molto bella e dinamica e c'è anche l'università, per questo ci sono dei locali abbastanza economici. E poi è vicino al lago di Garda e a circa 130 km dall'Austria.

SIENA

Antonella, 20 anni
Siena è piccola però è molto turistica e vivace; ci sono molti studenti che vengono a studiare qui all'università.

Antonio, 49 anni
Siena è bella però è molto cara, soprattutto nel centro storico. Ci sono sempre molti turisti e a volte è un po' caotica e rumorosa.

www.comune.siena.it

 stra tegie La prossimità dell'italiano alla tua lingua, o ad altre che conosci, e il contesto ti aiutano a capire quando leggi.

PAROLE UTILI

bello ≠ brutto
moderno ≠ antico
caro ≠ economico
piccolo ≠ grande
silenzioso ≠ rumoroso
pulito ≠ sporco

 Il nostro progetto

Il compitino: conosci altre città italiane? Dove sono? Come sono?

2. NAPOLI... MILLE COLORI!

A. Ecco la presentazione di tre quartieri di Napoli. Secondo te in quale quartiere si vive meglio?

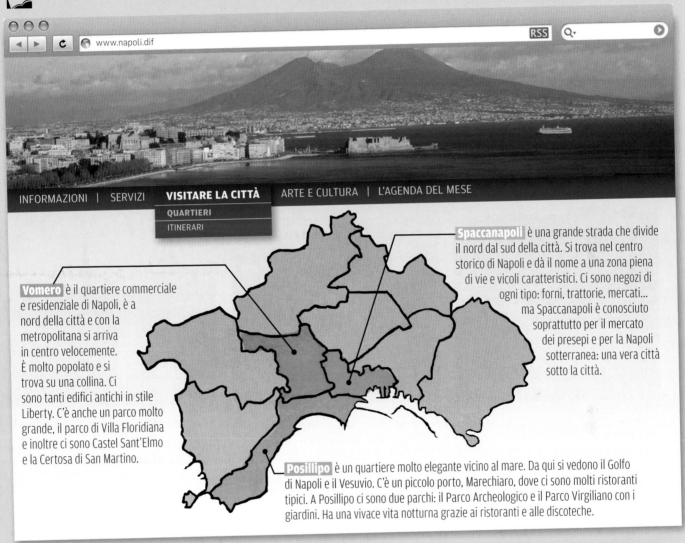

www.napoli.dif

INFORMAZIONI | SERVIZI | **VISITARE LA CITTÀ** | ARTE E CULTURA | L'AGENDA DEL MESE

QUARTIERI
ITINERARI

Vomero è il quartiere commerciale e residenziale di Napoli, è a nord della città e con la metropolitana si arriva in centro velocemente. È molto popolato e si trova su una collina. Ci sono tanti edifici antichi in stile Liberty. C'è anche un parco molto grande, il parco di Villa Floridiana e inoltre ci sono Castel Sant'Elmo e la Certosa di San Martino.

Spaccanapoli è una grande strada che divide il nord dal sud della città. Si trova nel centro storico di Napoli e dà il nome a una zona piena di vie e vicoli caratteristici. Ci sono negozi di ogni tipo: forni, trattorie, mercati... ma Spaccanapoli è conosciuto soprattutto per il mercato dei presepi e per la Napoli sotterranea: una vera città sotto la città.

Posillipo è un quartiere molto elegante vicino al mare. Da qui si vedono il Golfo di Napoli e il Vesuvio. C'è un piccolo porto, Marechiaro, dove ci sono molti ristoranti tipici. A Posillipo ci sono due parchi: il Parco Archeologico e il Parco Virgiliano con i giardini. Ha una vivace vita notturna grazie ai ristoranti e alle discoteche.

B. Ascolta la conversazione di Paola con un'amica: in quale quartiere di Napoli vive? Poi indica cosa dice del suo quartiere.

traccia 16

☐ caotico   ☐ popolato   ☐ sporco
☐ sicuro   ☐ pulito   ☐ tranquillo
☐ pericoloso ☐ rumoroso ☐ vivace

C. E tu quale quartiere preferisci? Parlane con un compagno.

• Io preferisco Spaccanapoli perché è caratteristico e ci sono tanti negozi.

curiosità

Esiste una curiosa leggenda su Castel dell'Ovo: nelle segrete del castello c'è un uovo chiuso in una gabbia di ferro, nascosto dal poeta Virgilio. È un uovo molto speciale perché se si rompe, il Castello e Napoli si distruggono.

1. UN FINE SETTIMANA A...

 A. Un'agenzia di viaggi ti propone tre alternative per trascorrere un fine settimana.
Abbina i titoli ai testi e poi scegli la proposta che preferisci.

BOLOGNA, LA CITTÀ DEI PORTICI

POMPEI ED ERCOLANO

FIRENZE, LA PERLA DEL RINASCIMENTO

Un fine settimana a...

Il Duomo e il Battistero, lo splendido giardino di Boboli e l'antica Basilica di San Lorenzo, la Galleria degli Uffizi, le botteghe degli orefici di Ponte Vecchio e una passeggiata per le vie del centro.

L'Università, la Basilica di San Petronio, le due Torri, i portici lunghi quasi 40 km, la Pinacoteca Nazionale con le opere di Giotto, Raffaello e Tiziano, l'ambiente studentesco e le osterie tipiche.

Gli scavi archeologici con i resti delle antiche città romane, gli affreschi e i mosaici in stile pompeiano; le Ville Vesuviane del Settecento e il Parco Nazionale del Vesuvio.

 B. Osserva i testi e completa il quadro con gli articoli determinativi.

SINGOLARE	PLURALE
femminile	
la Galleria degli Uffizi	.... Ville Vesuviane
.... Università	.... osterie tipiche
maschile	
.... Duomo	i portici
.... ambiente studentesco	.... affreschi
.... splendido giardino di Boboli	.... scavi archeologici

Il nostro progetto

Il compitino: scegli una città italiana e prepara un opuscolo sul modello del punto A. Dopo appendi la tua proposta in bacheca.

2. L'ALBUM DI PINOCCHIO

A. Dopo un viaggio per l'Italia, Pinocchio fa un album con le fotografie scattate e scrive delle didascalie. Aiutalo a finire il suo lavoro utilizzando le espressioni che trovi più in basso.

Vicino alla fontana.

Dietro la torre.

Davanti al duomo.

In mezzo alla piazza.

Di fronte al castello.

Lontano dal vulcano.

stra tegie

Il confronto con la propria lingua aiuta a fissare le strutture e il lessico.

B. Osserva le espressioni di luogo e completa il quadro.

in mezzo alla piazza	dietro la torre
davanti	
vicino	
di fronte	lontano ....

C. Scegli un oggetto della tua classe e dai delle indicazioni a un tuo compagno che deve indovinare cos'è.

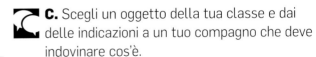

• È di fronte alla finestra e vicino alla porta.
□ La bacheca!
• Bravo!

3. NEL QUARTIERE C'È UN PO' DI TUTTO

A. Ecco il quartiere di una città italiana. Osserva l'illustrazione e di' quali affermazioni sono vere e quali false.

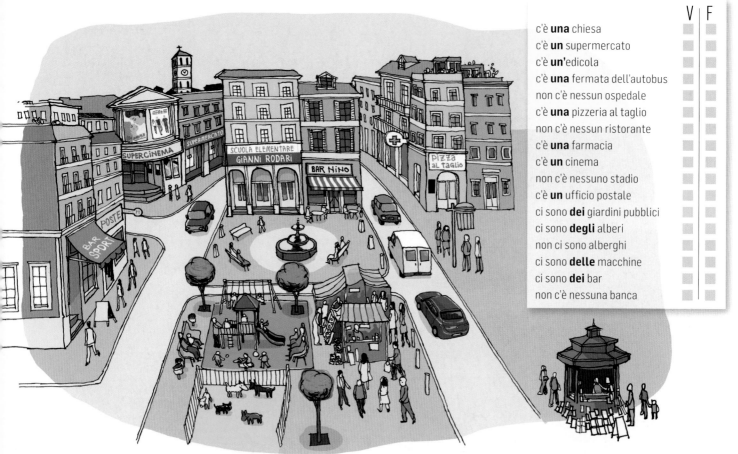

	V	F
c'è **una** chiesa		
c'è **un** supermercato		
c'è **un'**edicola		
c'è **una** fermata dell'autobus		
non c'è nessun ospedale		
c'è **una** pizzeria al taglio		
non c'è nessun ristorante		
c'è **una** farmacia		
c'è **un** cinema		
non c'è nessuno stadio		
c'è **un** ufficio postale		
ci sono **dei** giardini pubblici		
ci sono **degli** alberi		
non ci sono alberghi		
ci sono **delle** macchine		
ci sono **dei** bar		
non c'è nessuna banca		

 B. Osserva le costruzioni con **c'è/ci sono** e **non c'è/non ci sono** e completa il quadro. Dopo prova a formulare la regola.

c'è un cinema	non c'è nessuna banca
.... una piazza	.... nessun'agenzia di viaggi
.... un'edicola	.... nessun ristorante
	.... nessun ospedale
	.... nessuno stadio
ci sono dei bar	non ci sono alberghi
.... delle macchine	
.... degli alberi	
.... + singolare	.... + nessun/nessuno/ nessun'/nessuna + singolare
.... + plurale	.... + plurale

 C. Adesso osserva le parole in neretto e completa il quadro degli articoli indeterminativi.

SINGOLARE	PLURALE
maschile	
.... bar	dei bar
un albero	.... alberi
.... stadio	degli stadi
femminile	
una macchina	.... macchine
.... edicola	delle edicole

D. Cosa c'è e cosa non c'è nel tuo quartiere? Parlane con un tuo compagno.

• Nel mio quartiere ci sono molti bar e c'è un cinema molto grande. Però non c'è nessun teatro.

1. IN GIRO PER LA CITTÀ

A. Ecco alcuni cartelli di vie e piazze italiane. Ne riconosci qualcuno?

B. Con l'aiuto del tuo insegnante e dei tuoi compagni trova a cosa corrispondono nella tua lingua.

CORSO VITTORIO EMANUELE II · R.VIII

VIA MONTE NAPOLEONE · 219

VICOLO BARBERIA

LARGO DI TORRE ARGENTINA · R IX

PIAZZA DI SPAGNA · R.IV

CALLE DE LA FENICE

PIAZZETTA DI S. SIMEONE · R.V

2. CI VEDIAMO IN PIAZZETTA

A. In Italia la piazza rappresenta un luogo molto importante nelle città: è il punto preferito d'incontro e di ritrovo. Anche nel tuo paese è così?

B. Ascolta queste persone: qual è il loro posto preferito della città?

traccia 17

☐ la piazza principale   ☐ la piazzetta

☐ il corso   ☐ il centro storico

☐ il parco   ☐ la Villa comunale

> « Una famiglia vera e propria non ce l'ho /
> e la mia casa è Piazza Grande. »
>
> Lucio Dalla, *Piazza Grande* (1972)

ARTICOLI INDETERMINATIVI: IL PLURALE

MASCHILE	FEMMINILE
dei ristoranti	**delle** scuole
degli alberghi	**delle** edicole
degli stadi	
degli zoo	

 Per il plurale degli articoli indeterminativi si usa il plurale degli articoli partitivi: *dei, degli* e *delle*.

ARTICOLI DETERMINATIVI: IL PLURALE

MASCHILE	FEMMINILE
i ristoranti	**le** scuole
gli alberghi	**le** edicole
gli stadi	
gli zoo	

 Al plurale non si usa mai l'apostrofo anche se la parola comincia per vocale.

AGGETTIVI INDEFINITI

SINGOLARE	PLURALE
troppo/a	troppi/e
molto/a	molti/e
tanto/a	tanti/e
poco/a	pochi/e
ness**un** / ness**uno** / ness**una** / ness**un'**	

In questo quartiere c'è **troppo** *rumore.*

Qui ci sono **pochi** *negozi.*

Non c'è **nessuna** *banca qui vicino.*

 Nessun, nessuno e **nessuna** si usano sempre con la negazione **non** se posti dopo il verbo.

PREPOSIZIONI ARTICOLATE con A e DA

	a	da
il	al	dal
lo	allo	dallo
la	alla	dalla
l'	all'	dall'
i	ai	dai
gli	agli	dagli
le	alle	dalle

IL PLURALE DEI SOSTANTIVI

MASCHILE		FEMMINILE	
singolare	plurale	singolare	plurale
mercat**o**	mercat**i**	piazz**a**	piazz**e**
ristorant**e**	ristorant**i**	stazion**e**	stazion**i**

 cinema ▸ cinema; bar ▸ bar; autobus ▸ autobus

I NOMI IN -CA e -GA, -CO e -GO

ban**ca** ▸ ban**che**
botte**ga** ▸ botte**ghe**

par**co** ▸ par**chi**
turisti**co** ▸ turisti**ci**
alber**go** ▸ alber**ghi**
psicolo**go** ▸ psicolo**gi**

 a**mi**co ▸ ami**ci**
dia**lo**go ▸ dialo**ghi**.

PREFERIRE

prefer**isco**
prefer**isci**
prefer**isce**
preferiamo
preferite
prefer**iscono**

 capire ▸ cap**isco**.

C'È e CI SONO

Per esprimere la presenza di un oggetto o una persona si utilizzano le forme:

c'è + singolare

*Nel nostro quartiere **c'è** una chiesa molto bella.*

ci sono + plurale

*Nel mio quartiere **ci sono** dei ristoranti economici.*

 Attenzione alla negazione! Ricorda che "no" si utilizza come contrario di "sì" e "non" come negazione all'interno della frase.

- *C'è una banca qui vicino?*
- ○ *Sì, c'è. È davanti al supermercato.*
- *C'è una fermata della metro in questo quartiere?*
- ○ *No, non c'è. Però accanto all'edicola c'è la fermata dell'autobus.*

1. Aggettivi per descrivere una città o un quartiere.

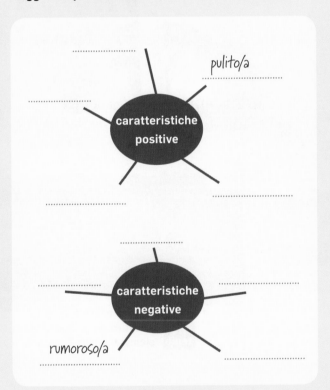

caratteristiche positive

pulito/a

caratteristiche negative

rumoroso/a

2. Parole per parlare di una città o di un quartiere.

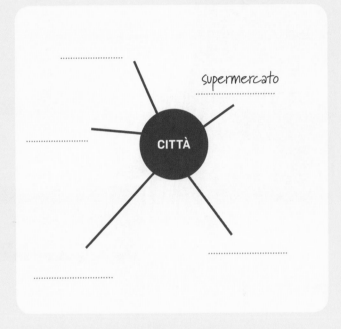

CITTÀ

supermercato

Suoni e lettere

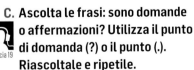

A. Ascolta le frasi e sottolinea i suoni [ʃ] e [sk].
traccia 18

1. In quale città preferisci vivere?
2. Io preferisco vivere a Roma.
3. Alice vive vicino alla scuola.
4. Pietro preferisce vivere in Toscana.

B. Riascolta le frasi e completa.

Davanti a .... ed .... la **sc** si pronuncia [ʃ]

Davanti a ...., ... e .... la **sc** si pronuncia [sk].

C. Ascolta le frasi: sono domande o affermazioni? Utilizza il punto di domanda (?) o il punto (.). Riascoltale e ripetile.
traccia 19

1. Abitano lontano dall'ospedale
2. In mezzo alla piazza c'è un'edicola
3. La fermata dell'autobus è vicino

4. È un quartiere tranquillo e sicuro
5. In centro ci sono molte piste ciclabili
6. Vicino a casa tua ci sono degli alberghi
7. Nel quartiere non c'è nessun cinema
8. Il teatro è lontano

1. LA CITTÀ ETERNA

A. Secondo te, quali di questi elementi si trovano a Roma? Parlane con un compagno.

il mare

un fiume

una piramide

degli edifici stile Liberty

degli edifici moderni

un'isola

un lago

B. Adesso ascolta Marcello e Patrizia che parlano di Roma e verifica se hai indovinato. Se puoi, indica il quartiere in cui si trovano gli elementi che senti.

traccia 20

strategie Abituati a fare un ascolto selettivo, concentrati sugli elementi di cui hai bisogno.

2. DI QUARTIERE IN QUARTIERE

Scegli un quartiere che conosci bene e prepara, con un compagno, una breve descrizione con l'aiuto delle seguenti frasi. I compagni vi fanno delle domande per indovinare di che quartiere si tratta.

• Il nostro quartiere è abbastanza tranquillo, ci sono dei palazzi antichi e c'è anche un teatro...
□ È vicino al centro?

Nel nostro quartiere, c'è / ci sono...
• una fermata della metropolitana.
• poche macchine.
• dei bar e dei ristoranti molto belli.
• un parco molto grande.
• delle vie pedonali.

Il quartiere è...
• vicino al mare.
• lontano dalla stazione.
• vicino al fiume.
• in centro.

Nel nostro quartiere non c'è / non ci sono...
• nessun cinema.
• musei.
• nessuna fermata dell'autobus.
• palazzi antichi.
• banche.

È un quartiere...
• tranquillo.
• poco rumoroso.
• molto bello.
• sicuro.
• molto caro.

3. IL QUARTIERE IDEALE

Il nostro progetto

A. A gruppi. Immaginate un quartiere ideale. Può essere reale, immaginario o tutte e due le cose insieme.

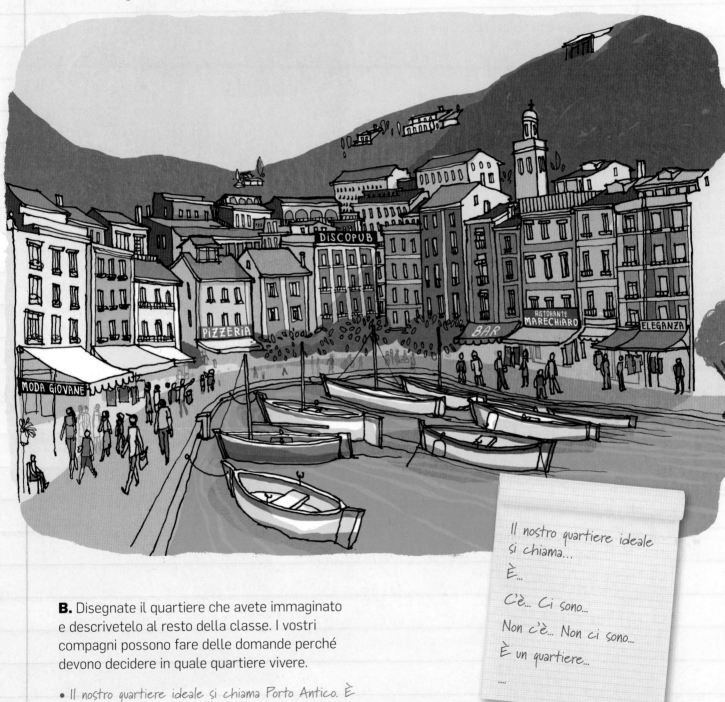

B. Disegnate il quartiere che avete immaginato e descrivetelo al resto della classe. I vostri compagni possono fare delle domande perché devono decidere in quale quartiere vivere.

- Il nostro quartiere ideale si chiama Porto Antico. È molto bello, c'è un piccolo porto e poi ci sono molti bar e ristoranti...
- □ Ci sono dei negozi?
- Sì, ci sono dei negozi eleganti...

Il nostro quartiere ideale si chiama...

È...

C'è... Ci sono...

Non c'è... Non ci sono...

È un quartiere...

....

C. Quando le presentazioni sono finite, scegliete in quale quartiere volete vivere, dite perché e, alla fine, eleggete il quartiere preferito della classe.

Quartieri tipici italiani

Bari Vecchia – Bari
È la zona più folkloristica di Bari, con le stradine strette e i vicoli tipici dello stile mediterraneo. Ci sono importanti luoghi d'interesse, come la Basilica di San Nicola e il Castello Normanno-Svevo, locali e ristoranti per la vita notturna.
www.infopointbari.com/

Boccadasse – Genova
È un antico borgo di pescatori che ha conservato un'atmosfera "d'altri tempi". Boccadasse è un luogo molto romantico: è sulla costa, c'è una piccola chiesa e le case sono antiche e colorate.
www.genova-turismo.it/

I Navigli – Milano
I Navigli sono una zona di Milano con una vivace vita notturna, piena di locali, bar, ristoranti e discoteche, frequentata soprattutto da giovani e artisti. Il sabato mattina c'è un mercato di gastronomia, antiquariato, libri e curiosità.
www.navigli.net/

Ghetto – Venezia
Il Ghetto ebraico di Venezia è il primo d'Europa. La parola "ghetto", infatti, viene dal veneto. Nel Ghetto si trovano gli edifici più alti di tutta la città, ci sono cinque sinagoghe, il Museo Ebraico di Venezia, alcuni bar e ristoranti con cucina kasher.
www.museoebraico.it/ghetto.html

BARI VECCHIA

BOCCADASSE

GHETTO

I NAVIGLI

1. Scegli uno di questi quartieri senza dire qual è e di' ai tuoi compagni quali sono le sue caratteristiche principali. Il primo che indovina continua il gioco.

Architetti italiani

Filippo Brunelleschi (Firenze, 1377 - 1446) è uno degli architetti italiani più importanti. La sua opera più famosa è la Cupola di Santa Maria del Fiore, il Duomo di Firenze. Altre opere architettoniche importanti di Brunelleschi sono lo Spedale degli innocenti, la Chiesa di Santo Spirito e la Cappella de' Pazzi (Firenze).

Gian Lorenzo Bernini (Napoli, 1598 - Roma, 1680) è l'architetto della grandiosa piazza S. Pietro con il bellissimo colonnato. Sono opere di Bernini anche Palazzo Montecitorio, sede della Camera dei Deputati, Palazzo Barberini, dove si trova la Galleria Nazionale d'Arte Antica, e la magnifica Fontana dei Fiumi di piazza Navona (Roma).

Renzo Piano (Genova, 1937) è architetto di edifici come l'Acquario di Genova, l'Auditorium Parco della Musica di Roma e la Chiesa di Padre Pio (Foggia). Ci sono delle opere di Renzo Piano anche all'estero, come il Centro Pompidou di Parigi e l'Aeroporto internazionale di Kansai (Giappone).

Benedetta Tagliabue (Milano, 1963), una delle poche donne importanti in architettura, dirige l'importante studio EMBT. I lavori più importanti realizzati dal suo studio sono il Parlamento scozzese a Edimburgo e la ristrutturazione del mercato di Santa Caterina (Barcellona).

LA CUPOLA DEL BRUNELLESCHI (FIRENZE)

MERCATO DI S. CATERINA (BARCELLONA)

CHIESA DI PADRE PIO (FOGGIA)

PIAZZA SAN PIETRO (ROMA)

2. Scegli un architetto importante del tuo paese e presenta le sue opere più importanti.

4

AMICI MIEI

Il nostro progetto

Descrivere una persona che conosciamo bene e scegliere chi abbiamo voglia di conoscere tra le persone descritte.

STRUMENTI PER IL NOSTRO PROGETTO:

I temi: la famiglia e gli amici; gli interessi e i gusti personali; le professioni.

Le risorse linguistiche : gli aggettivi possessivi; i verbi **piacere** e **fare**; i pronomi indiretti; gli aggettivi qualificativi; il suono [ŋ] e l'intonazione (domande, esclamazioni, affermazioni).

Le competenze:

fare un quiz; comprendere dei messaggi su internet per corrispondere; leggere delle interviste e individuare delle persone attraverso una descrizione.

capire chi ha lasciato un messaggio orale; riconoscere una persona dalla descrizione.

parlare della propria famiglia e dei gusti personali; esprimere accordo e disaccordo; descrivere una persona.

risolvere un quiz su un personaggio famoso; chiedere e dire i gusti personali; descrivere e riconoscere un personaggio famoso.

descrivere se stessi e gli altri.

IO E MIO MARITO IN VACANZA SULLE DOLOMITI.

CON MIO PADRE IL GIORNO DEL MIO MATRIMONIO.

LA MIA GATTINA MINÙ... DOLCISSIMA!!!

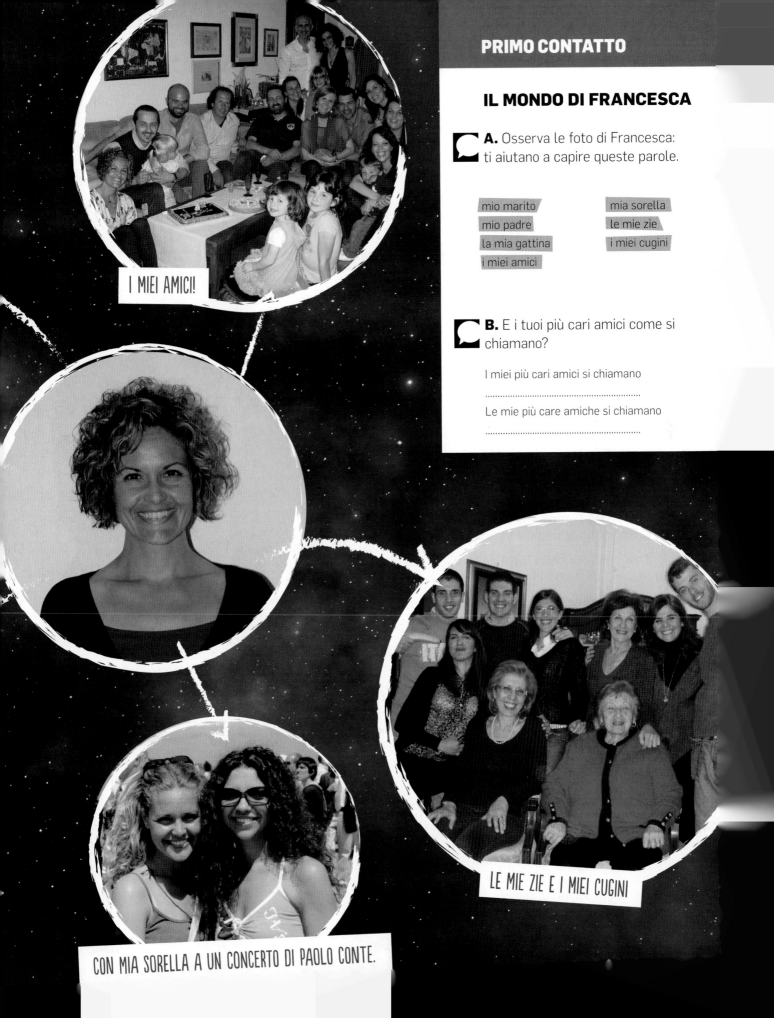

IL MONDO DI FRANCESCA

A. Osserva le foto di Francesca: ti aiutano a capire queste parole.

mio marito

mio padre

la mia gattina

i miei amici

mia sorella

le mie zie

i miei cugini

B. E i tuoi più cari amici come si chiamano?

I miei più cari amici si chiamano

....

Le mie più care amiche si chiamano

....

I MIEI AMICI!

CON MIA SORELLA A UN CONCERTO DI PAOLO CONTE.

LE MIE ZIE E I MIEI CUGINI

1. IL QUIZ SU SAVIANO

 A. Quanto conosci questo scrittore italiano?
Con un compagno, fai il quiz che propone una rivista.

IL CORAGGIOSO SAVIANO

1. Il suo nome è...
a) Enzo **b)** Roberto **c)** Giovanni

2. La sua città è...
a) Napoli **b)** Roma **c)** Palermo

3. È laureato in...
a) Fisica **b)** Lingua e letteratura inglese **c)** Filosofia

4. La sua professione è...
a) il giornalista e lo scrittore **b)** lo scienziato e lo
scrittore **c)** il giornalista e il politico

5. Pubblica il suo primo romanzo nel...
a) 1986 **b)** 1996 **c)** 2006

6. Il suo più grande successo è il libro...
a) Camorra **b)** Gomorra **c)** Mafia

7. È un simbolo della lotta contro...
a) i politici corrotti **b)** la droga **c)** la Camorra

8. Vive e lavora...
a) a Milano **b)** in una località segreta **c)** in Svizzera

• Si chiama Giovanni?
□ No, non credo...

 stra tegie Prima di completare le frasi leggi
bene tutto il testo e comincia da
quelle di cui sei più sicuro.

B. Scrivi cinque informazioni su te stesso su
un foglio e poi scambialo con quello di un
compagno.

 C. Adesso comunica al resto della classe
due informazioni sul tuo compagno che ti
sembrano interessanti.

• Elisabeth è il nome di sua madre.
□ No, è il nome di mia nonna.

2. SCRIVIMI!

A. Su questo sito, delle studentesse d'italiano si presentano per corrispondere con dei ragazzi italiani. Completa la scheda per ognuna di loro. → **ESERCIZI**

www.studenti.dif

STUDENTI.DIF

REGISTRATI

Nome: **Florence**
Cognome: **Côté**
Età: **27 anni**
Città: **Montréal (Canada)**

Ciao! Mi chiamo Florence, sono canadese e abito a Montréal. Ho 27 anni, faccio l'architetto e adoro imparare lingue nuove. Parlo il francese, l'inglese e l'italiano e studio il portoghese. Mi piace cucinare e conoscere persone nuove. Mi piace moltissimo l'opera italiana ma non mi piace per niente la musica contemporanea! Amo viaggiare e amo l'Italia! A presto!

↪ RISPONDI

Nome: **Karin**
Cognome: **van Zalk**
Età: **33 anni**
Città: **Amsterdam (Olanda)**

Ciao a tutti! Sono Karin e sono olandese. Vivo ad Amsterdam e faccio la commessa. Parlo l'olandese e l'inglese e ora studio l'italiano perché il mio ragazzo è italiano. Mi piace tantissimo andare in bicicletta. Mi piacciono i film italiani e mi piace da morire il tango!

↪ RISPONDI

Nome: **Noelia**
Cognome: **García**
Età: **22 anni**
Città: **Cartagena (Colombia)**

Ciao ragazzi! Sono Noelia, ho 22 anni e sono Colombiana. Abito a Cartagena, una città dove ci sono spiagge bellissime. Frequento un master in economia aziendale e lavoro in un hotel. Mi piace molto il mio lavoro. Parlo lo spagnolo e l'inglese e ora studio l'italiano. Mi piace un sacco nuotare e fare surf.

↪ RISPONDI

B. Queste tre ragazze hanno anche lasciato dei messaggi audio. Ascoltali bene tutti e tre per conoscerle meglio. Secondo te chi parla?

traccia 21

1 ....

2 ....

3 ....

C. Adesso che le conosci meglio, cosa pensi di queste ragazze?

• Karin sembra simpatica.

Il nostro progetto

Il compitino: scrivi un messaggio seguendo il modello dei testi del punto A e leggilo ai tuoi compagni. Ascolta gli altri messaggi e poi decidi con chi vuoi corrispondere.

PAROLE UTILI

sportivo/a   timido/a

allegro/a   socievole

1. MI PIACE UN SACCO!

 A. Un settimanale di letteratura, arte, cinema e musica fa delle brevi interviste ai suoi lettori per conoscere meglio i loro gusti. Conosci questi artisti?

SANDRA, 43 ANNI, TRADUTTRICE

Qual è il tuo cantante preferito?
Mina, adoro le sue canzoni degli anni '60. Però in generale non mi piace tanto la musica leggera italiana.

Ti piace il cinema?
Sì, molto! Mi piacciono tantissimo i film di Ferzan Ozpetek.

Che tipo di libri ti piace leggere?
Un po' tutti, ma soprattutto i gialli di Andrea Camilleri.

MARTINA, 19 ANNI, STUDENTESSA

Che tipo di musica ascolti?
Mi piacciono Fabri-Fibra e Caparezza... odio la musica classica e detesto l'opera!

Qual è il tuo attore preferito?
Riccardo Scamarcio... è bellissimo! Adoro i suoi film!

Ti piace leggere?
Sì, mi piace un sacco Federico Moccia. Però anche Calvino non è male.

DAVIDE, 28 ANNI, INFORMATICO

Che tipo di musica ascolti?
Soprattutto rock, mi piace da morire Vasco Rossi.

Che genere di film preferisci vedere?
Sono fan dei film d'azione e non mi piace per niente la Commedia all'italiana.

Ti piace leggere?
Sì, abbastanza. Mi piace molto Stefano Benni e poi mi piacciono i fumetti: Tex, Diabolik...

 B. Quali espressioni usano Sandra, Davide e Martina per esprimere i propri gusti?

👍	👎
mi piace molto	detesto
....	....
....	....

strategie Fai una classifica delle cose che ti piacciono di più, poi di quelle che non ti piacciono. Così puoi memorizzare meglio le espressioni che si usano per i gusti e le preferenze.

C. Osserva un'altra volta le interviste e completa gli esempi. Poi prova a ricostruire la regola.

ti piace *leggere?*	.... + infinito
mi piace	.... + singolare
mi piacciono i *film*	
mi piacciono	.... + plurale

D. E tu che gusti hai? Comparali con quelli di un compagno.

Qual è il tuo attore preferito?
....

Che film ti piacciono?
....

Che musica ascolti?
....

Ti piace leggere?
....

2. ANCHE A TE?

 A. Osserva queste vignette e poi completa il quadro.

A me piace l'opera	**Accordo:** Anche a me	
	Disaccordo:	
A me non piace leggere	**Accordo:**	
	Disaccordo:	

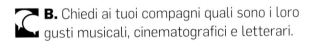 **B.** Chiedi ai tuoi compagni quali sono i loro gusti musicali, cinematografici e letterari.

• Vi piace il cinema?
□ A me sì. Mi piacciono un sacco i film dell'orrore.
◊ A me invece non piace tanto il cinema, preferisco il teatro.

Il nostro progetto

Il compitino: quali sono i gusti della classe? Fate una classifica delle cose che vi piacciono di più.

PAROLE UTILI

i gialli · i fumetti · le commedie · la musica classica · i romanzi d'amore · i film horror · il rock · i programmi di cucina

3. ECCO LA MIA FAMIGLIA

 A. Alice ci presenta la sua famiglia.
Leggi le descrizioni e abbinale ai personaggi del disegno.

> « La famiglia è la patria del cuore. »
> Giuseppe Mazzini

I miei genitori si chiamano Dario e Ornella. Mio padre ha 55 anni e fa il dentista. È molto aperto e simpatico, è alto e moro.
Mia madre è bionda, magra e abbastanza alta. È simpatica e affettuosa e fa l'insegnante.

Vicino a mio padre ci sono i miei fratelli Mara e Alessio: mia sorella ha 17 anni, studia e fa la baby-sitter. È mora e un po' bassa, lei pensa di essere brutta ma invece è molto carina. È molto responsabile ed educata.

Mio fratello ha 22 anni. Non è molto alto, è moro e molto bello. È allegro e divertente, ma un po' pigro. Fa il grafico in un'agenzia pubblicitaria.

A destra ci sono i miei nonni: Pietro e Anna. Mio nonno è alto e forte ed è molto generoso; mia nonna è bassa e un po' grassa, è molto dolce e gentile.

In mezzo ai miei genitori ci sono io. Mi chiamo Alice e ho 8 anni. Sono bionda e un po' grassa. Sono timida ma adoro giocare con i miei amici.

 B. Osserva nuovamente le descrizioni e indica quali aggettivi puoi usare per descrivere il carattere e quali per il fisico.

FISICO	CARATTERE
bello/a	simpatico/a
....	....
....	....
....	....

C. Adesso completa il quadro degli aggettivi possessivi. Cosa ti sorprende?

SINGOLARE	PLURALE
mia madre	
.... padre	i miei genitori
.... sorella	
.... fratello	.... fratelli
.... nonno	
.... nonna	.... nonni

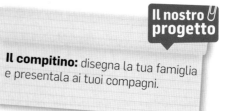

Il compitino: disegna la tua famiglia e presentala ai tuoi compagni.

1. LA FAMIGLIA ROSSI

A. Questo è l'albero genealogico di una famiglia italiana. Leggi le frasi e completa con i dati che mancano.

B. Adesso prepara cinque frasi sulla tua famiglia, i tuoi compagni devono indovinare.

- Karina è la sorella di mia madre...
- È tua zia!

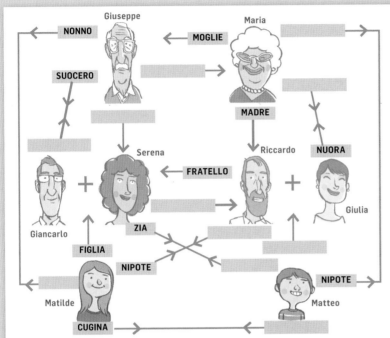

Giuseppe è il **marito** di Maria.

Maria è la **nonna** di Matilde e Matteo.

Giuseppe è il **padre** di Serena e Riccardo.

Giancarlo è il **genero** di Giuseppe e Maria.

Serena è la **sorella** di Riccardo.

Matteo è il **cugino** di Matilde.

Maria è la **suocera** di Giulia e Giancarlo.

Matilde è la **nipote** di Giuseppe e Maria.

Matteo è il **nipote** di Serena.

Riccardo è lo **zio** di Matilde.

Matteo è il **figlio** di Riccardo e Giulia.

2. MODERNA, TRADIZIONALE E ALLARGATA

A. Ascolta le registrazioni e abbinale alle fotografie.

traccia 22

B. Conosci altri modelli di famiglia? Scegline uno e descrivilo ai tuoi compagni.

ESPRIMERE I GUSTI PERSONALI

+ **Adoro** / **amo** l'opera.

Mi piace tantissimo / **moltissimo** leggere.

Mi piacciono molto / **tanto** i fumetti.

Mi piacciono i gialli.

Non mi piace tanto / **molto** la musica classica.

Non mi piacciono per niente i film d'avventura.

- **Odio** / **non sopporto** i romanzi d'amore.

FORMA NEGATIVA

A me **non** piace l'opera.

Non mi piacciono i film horror.

PRONOMI INDIRETTI	PIACERE	INFINITO, SOSTANTIVO SINGOLARE O PLURALE
a me / mi		la pasta
a te / ti	piace	viaggiare
a lui / gli		
a lei / le		
a noi / ci	piacciono	i dolci
a voi / vi		
a loro / gli		

 A me piace cantare.

Mi piace cantare.

~~A me mi piace cantare.~~

ESPRIMERE LA PROFESSIONE

Che lavoro fai / fa?

fare + **articolo determinativo** + professione

Faccio l'insegnante.

essere + professione

Sono insegnante.

 Sono studente/studentessa.

~~Faccio lo studente/la studentessa.~~

FARE

faccio

fai

fa

facciamo

fate

fanno

AGGETTIVI POSSESSIVI

MASCHILE		FEMMINILE	
singolare	**plurale**	**singolare**	**plurale**
il mio	i miei	la mia	le mie
il tuo	i tuoi	la tua	le tue
il suo	i suoi	la sua	le sue
il nostro	i nostri	la nostra	le nostre
il vostro	i vostri	la vostra	le vostre
il loro	i loro	la loro	le loro

 il mio compagno - i miei compagni

Ø mio fratello – i miei fratelli

il loro figlio – i loro figli

DESCRIVERE UNA PERSONA

Carattere

È molto simpatico/a

intelligente

allegro/a

aperto/a

È un po' serio/a

timido/a

pigro/a

Fisico

È molto alto/a

grasso/a

basso/a

magro/a

È moro/a

castano/a

biondo/a

Prima impressione

Patrizia **sembra** socievole.

Simone e Piero **sembrano** gentili.

1. Osserva i disegni e di' cosa ti piace e cosa non ti piace.

i dolci   la musica   il teatro   la pizza   il cinema horror   i gialli

2. Che lavoro fanno queste persone? Aiutati con il dizionario.

....

3. Aggettivi per descrivere il carettere di una persona.

timido/timida ....

....

....

5. Espressioni per esprimere i gusti personali.

😊 Mi piace da morire! ....

....

🙂 ....

....

😐 ....

....

☹ ....

4. Aggettivi per descrivere il fisico di una persona.

magro/magra ....

....

....

Suoni e lettere

A. Ascolta le parole e indica quali contengono il suono [ŋ] e poi scrivile sul tuo quaderno.

traccia 23

1		6	
2		7	
3		8	
4		9	
5		10	

MI PIACE DA MORIRE L'OPERA!

ANCHE A ME!

B. Ascolta i dialoghi e ripetili.

traccia 24

1. ◆ A te piacciono i film francesi?
   ◻ I film francesi? Mi piacciono da morire!
2. ◆ Ti piace la poesia?
   ◻ La poesia? No, non mi piace per niente.
3. ◆ Che tipo di musica ascoltate?
   ◻ A me piace un sacco Ligabue.
   ● Io adoro la musica classica.
   ◦ Io invece non sopporto la musica classica.

1. SONO UNA PERSONA MOLTO TIMIDA

A. Scrivi su un foglio la tua descrizione, puoi usare questa scheda per aiutarti.

B. L'insegnante raccoglie tutti i fogli e li distribuisce. Leggi la descrizione che ti ha dato e indovina chi è.

> COME SONO:
>
> sono un po' / abbastanza / molto...
> sembro una persona... ma...
> il mio attore / cantante preferito è...
> la mia attrice / cantante preferita è...
> adoro / detesto...
>
> Chi sono?

2. INDOVINA CHI È

A. Ascolta questo gruppo di amici che giocano a "Chi è?". Di quale personaggio famoso si tratta?

traccia 25

1...
2...
3...
4...

B. Prepara la descrizione di un personaggio famoso con il tuo compagno di banco. Leggetela agli altri che vi devono fare delle domande per sapere di chi si tratta.

- È un uomo, è italiano e sembra simpatico.
  È un compositore molto conosciuto.
- □ È giovane?
- Sì, abbastanza.
- □ È Giovanni Allevi!
- Bravo!

George Clooney
Carla Bruni
Brad Pitt
Corto Maltese
Shakira
Hercule Poirot

© Gianluca Sarago / www.giovanniallevi.com

3. VORREI CONOSCERE IL CUGINO DI SARAH...

Il nostro progetto

A. Immagina di poter invitare una persona che conosci
(un parente, un amico...) a venire a lezione.
Prepara la sua descrizione.

PERSONA SCELTA:
RAPPORTO CHE HA CON ME:
NAZIONALITÀ:
RESIDENZA:
PROFESSIONE:
ETÀ:
ASPETTO FISICO:
CARATTERE:
GUSTI:

B. Descrivi il tuo invitato ai compagni e poi ascolta
le loro presentazioni. Fai delle domande e prendi
nota perché dopo devi scegliere chi vuoi conoscere.

• Il mio invitato si chiama Paolo, è mio cugino e
vive a Genova. Ha 30 anni e insegna violino al
conservatorio. È una persona molto sensibile e
gentile. Gli piace molto la musica, adora viaggiare
e conoscere gente nuova...
▫ È bello?
• Sì molto! È abbastanza alto, è moro...

C. Ora di' quale invitato vuoi conoscere e spiega il
motivo della tua scelta.

▫ Io voglio conoscere il cugino di Sarah perché
adora la musica, è sensibile e gentile... e bello!

 stra tegie Per preparare un'attività puoi consultare il tuo
libro, il dizionario, internet, scambiare delle
informazioni con i compagni e fare delle domande
al tuo insegnante.

Il più grande

Secondo un sondaggio fatto da Rai 2, questi sono i 10 italiani più importanti:

1. Laura Pausini

Cantante e cantautrice pop. Ha un grande successo in Italia e all'estero. Canta in italiano, inglese, spagnolo e portoghese.

2. Leonardo Da Vinci

Un vero genio: pittore, scultore, ingegnere, inventore e anche cuoco. Rappresenta l'uomo ideale del Rinascimento.

3. Totò

Attore, commediografo, poeta e sceneggiatore. Soprannominato "il principe della risata", è un nome molto importante nella storia del cinema e del teatro italiano.

4. Giovanni Falcone e Paolo Borsellino

Magistrati, simbolo della lotta antimafia per il loro grandissimo impegno. Sono considerati due eroi italiani.

5. Anna Magnani

Famosa attrice drammatica, è un'icona del Neorealismo. È una dei pochi italiani ad avere la stella nella famosa strada di Hollywood.

6. Dante Alighieri

Considerato il padre della lingua italiana, è soprannominato "il Sommo Poeta" per il suo capolavoro: la *Divina Commedia*.

7. Luigi Pirandello

Premio Nobel per la Letteratura (1934) per la sua attività di drammaturgo e scrittore. È un importante rappresentante del Novecento italiano.

8. Galileo Galilei

Fisico, filosofo, astronomo e matematico, è il padre della scienza moderna.

9. Giuseppe Verdi

Compositore, il suo nome è legato soprattutto all'opera lirica. Le sue opere sono rappresentate nei teatri di tutto il mondo.

10. Enrico Fermi

Fisico, è importante soprattutto per la fisica atomica e nucleare (Premio Nobel 1938).

1. Conosci queste dieci persone? Rileggi i testi e individua gli ambiti delle loro professioni.

2. Secondo te quali sono le dieci persone più amate del tuo paese? Fai una lista e dai qualche informazione su di loro.

Un popolo di poeti...

VN POPOLO DI POETI DI ARTISTI DI EROI
DI SANTI DI PENSATORI DI SCIENZIATI
DI NAVIGATORI DI TRASMIGRATORI

1. Queste parole, scritte sul Palazzo della Civiltà italiana dell'EUR (Roma), vogliono descrivere gli italiani. Noti delle similitudini con la lista di p. 68?

2. Prova a tua volta a caratterizzare le persone del tuo paese e compara con le parole del Palazzo della Civiltà italiana.

curiosità

Il Palazzo della Civiltà italiana è comunemente chiamato "il Colosseo quadrato" perché ricorda il famoso anfiteatro romano. Si trova nel quartiere dell'EUR di Roma, costruito per l'Esposizione Universale del 1942. EUR, infatti, significa Esposizione Universale Roma. Per la sua particolare architettura, il quartiere dell'EUR è stato spesso utilizzato come set per film e pubblicità.

Comprensione orale

	nome della prova	parti della prova	tipologia di esercizi	durata	punteggio
CILS	Test di ascolto	2	• scegliere una delle tre proposte per ogni informazione (scelta multipla) • completare delle frasi con delle informazioni	30 minuti	12
CELI	Comprensione dell'ascolto		Corretto feedback e risposte brevi (1 / 2 parole)	5/6 minuti (comprende produzione e interazione orale)	50
PLIDA	Ascoltare	2	• rispondere a delle domande chiuse	20 minuti	30

Suggerimenti e consigli per la prova

- Ricorda che non devi capire tutto quello che ascolti. Cerca di capire le informazioni più importanti. Concentrati sulle parole chiave del discorso che possono aiutarti a comprendere il testo.

- Leggi attentamente le istruzioni e le domande prima di ascoltare, così durante l'ascolto puoi cercare le informazioni richieste.

- Non cercare di rispondere a tutte le domande al primo ascolto. All'inizio cerca di capire il senso generale e poi con il secondo ascolto rispondi alle domande.

ESERCIZIO 1

traccia 26

Ascolta il dialogo. Poi completa le frasi: scrivi le informazioni che mancano.

1. Castelnuovo Rangone si trova ....
....

2. È un paese abbastanza popoloso, ha ....
....

3. A Castelnuovo Rangone ci sono due ...., una vicino alla scuola e l'altra vicino al parco.

4. In paese non c'è nessuna ....
....

5. C'è una pista ciclabile ....
....

6. Vicino alla piazza ci sono ....
....

ESERCIZIO 2

traccia 27

Ascolta i dialoghi e marca l'opzione corretta con una X.

1. Il cinema Lux è:

☐ **a)** vicino alla piazza;

☐ **b)** di fronte al Municipio;

☐ **c)** dietro il Municipio.

2. Il negozio di Sabrina:

☐ **a)** è lontano dal centro;

☐ **b)** è di fronte alla banca;

☐ **c)** è tra il bar e la banca.

3. Che libri piacciono a Michela?

☐ **a)** I gialli;

☐ **b)** I gialli e i romanzi d'amore;

☐ **c)** I romanzi d'amore.

4. Il ragazzo di Marina è:

☐ **a)** alto e magro;

☐ **b)** biondo con gli occhi verdi;

☐ **c)** biondo e basso.

ESERCIZIO 3

traccia 28

Ascolta le conversazioni e indica a quale vignetta corrisponde ciascuna.

Autovalutazione

1. Competenze unità 3 e 4	Sono capace di...	Ho delle difficoltà a...	Non sono ancora capace di...	Esempi
esprimere l'esistenza e l'assenza				
descrivere un quartiere o una città				
localizzare nello spazio				
esprimere preferenze e gusti				
descrivere il carattere e il fisico				
parlare della famiglia e degli amici				
chiedere e dire la professione				

2. Contenuti unità 3 e 4	So e uso facilmente...	So ma non uso facilmente...	Non so ancora...
gli articoli indeterminativi plurali: **dei**, **degli**, **delle**			
gli aggettivi indefiniti di quantità: **troppo**, **molto**...			
le espressioni di luogo: **vicino**, **dietro**, **in mezzo**...			
gli aggettivi qualificativi per descrivere città e quartieri			
le forme **c'è** e **ci sono**			
il presente indicativo dei verbi in **-ere**, **-isc-** e di **fare**			
gli aggettivi possessivi			
le forme **piace** e **piacciono**			
i pronomi indiretti atoni e tonici: **a me** / **mi**, **a te** / **ti**...			
gli aggettivi qualificativi per descrivere il carattere e il fisico			
il lessico della famiglia			
il lessico delle professioni			

Bilancio

Come uso l'italiano	😊	😐	🙂	☹️
quando leggo				
quando ascolto				
quando parlo				
quando scrivo				
quando realizzo le attività				

La mia conoscenza attuale	😊	😐	🙂	☹️
della grammatica				
del vocabolario				
della pronuncia e dell'ortografia				
della cultura				

In questo momento, i miei punti di forza sono: ....

In questo momento le mie difficoltà sono: ....

Idee per migliorare	in classe	fuori dalla classe (a casa mia, per la strada...)
il mio vocabolario		
la mia grammatica		
la mia pronuncia e la mia ortografia		
la mia pratica della lettura		
la mia pratica dell'ascolto		
le mie produzioni orali		
le mie produzioni scritte		

Se vuoi, parlane con un compagno.

5

UN GIORNO COME TANTI

Il nostro progetto

Fare un questionario sulle nostre abitudini e consegnare un premio ai compagni di classe.

STRUMENTI PER IL NOSTRO PROGETTO:

I temi : la routine, le abitudini, il tempo libero, lo sport, gli orari di lavoro e studio, il fumetto Lupo Alberto, proverbi italiani e statistiche ISTAT.

Le risorse linguistiche : il presente indicativo dei verbi in **-ire**, dei verbi pronominali, di **andare**, **uscire** e altri verbi con qualche irregolarità; gli avverbi di frequenza; l'ora; l'intonazione (esclamazioni e domande).

Le competenze:

fare un test sulle proprie abitudini; comprendere le presentazioni di personaggi di fumetti, testi su orari e abitudini; reperire informazioni in un'agenda.

Comprendere e riconoscere orari, azioni quotidiane e abitudini.

Parlare di abitudini e orari.

Confrontare i risultati di un test, orari e abitudini. Chiedere e dire che orari si hanno.

Prendere appunti per fare un breve questionario; redigere un breve testo per parlare delle abitudini del proprio paese.

Quali sono i tuoi migliori momenti della settimana?

IL VENERDÌ POMERIGGIO QUANDO GIOCO A CALCIO CON I MIEI AMICI.

Il lunedì quando vado al corso di fotografia.

TUTTI I GIORNI QUANDO IO E LA MIA BAMBINA ANDIAMO AI GIARDINI.

I MIGLIORI MOMENTI DELLA SETTIMANA

A. Questi sono i migliori momenti della settimana di alcune persone. Anche tu fai queste attività? Quando?

Anch'io esco con gli amici il fine settimana.

(il) lunedì	(il) venerdì
(il) martedì	(il) sabato
(il) mercoledì	(la) domenica
(il) giovedì	il fine settimana

B. E tu, quale momento della settimana preferisci?

Il momento della settimana che preferisco è il venerdì pomeriggio quando vado in piscina.

1. CI TIENI ALLA TUA IMMAGINE?

 A. Hai cura della tua immagine? Rispondi con sincerità alle domande di questo test.

SPECCHIO, SPECCHIO DELLE MIE BRAME...

Quanto è importante per te l'immagine?

1 Quanto ci metti la mattina a vestirti?
- **A.** Un'ora.
- **B.** 20 minuti come minimo.
- **C.** Al massimo 5 minuti.

2 Con che frequenza vai dal parrucchiere?
- **A.** Una volta al mese.
- **B.** Tre o quattro volte all'anno.
- **C.** Raramente.

3 Ti metti la crema tutti i giorni?
- **A.** Sì, tutti i giorni.
- **B.** A volte quando ho tempo.
- **C.** No, mai.

4 Ti pettini o ti trucchi tutte le mattine?
- **A.** Sì, tutte le mattine prima di uscire.
- **B.** No, solo qualche volta.
- **C.** No, mai.

5 Ti metti sempre il profumo?
- **A.** Sì, tutti i giorni.
- **B.** Ogni tanto.
- **C.** No, mai.

6 Ti guardi spesso allo specchio?
- **A.** Sì, ogni volta che passo davanti a uno specchio o a una vetrina di un negozio.
- **B.** Non molto, due o tre volte al giorno.
- **C.** No, solo la mattina prima di uscire.

7 Di solito fai sport?
- **A.** Sì, tutti i giorni.
- **B.** Sì, tre volte alla settimana.
- **C.** No, quasi mai, ma vado a piedi al lavoro.

8 Fai attenzione a come ti vesti?
- **A.** Sì, sempre.
- **B.** Non molto spesso.
- **C.** Mai, solo nelle occasioni speciali.

CONTA LE TUE RISPOSTE E LEGGI I RISULTATI

NUMERO DELLE RISPOSTE: **A** ◯ **B** ◯ **C** ◯

Maggioranza di A. Per te l'immagine è molto importante e ti piace sedurre... forse anche un po' troppo, o no?

Maggioranza di B. Per te l'immagine è importante ma sai bene che non è una cosa essenziale. Complimenti!

Maggioranza di C. Non ti preoccupa troppo la tua immagine, è vero che l'immagine non è tutto ma avere un po' cura di se stessi non fa male.

 B. Confronta le tue risposte con quelle di un compagno. Chi si preoccupa di più per la propria immagine?

- Io ho una maggioranza di risposte A e tu?
- Io di risposte C...

curiosità

Nel 2010 gli italiani hanno speso quasi 10 miliardi di euro in cosmetici e prodotti di bellezza: trucchi, creme, profumi, saponi e shampoo... la bellezza non conosce crisi!

2. LA FATTORIA MCKENZIE

A. Lupo Alberto è una famosa striscia a fumetti creata da Silver (Guido Silvestri). Leggi le presentazioni dei personaggi e indica quale aggettivo è più adeguato per ognuno di loro.

LUPO ALBERTO

Lupo Alberto vive da solo, su una piccola collina vicino alla fattoria McKenzie. È fidanzato con la gallina Marta. Tutte le mattine si alza tardi, non fa mai colazione e molto spesso non pranza e non cena. Non lavora e pensa sempre a come trovare il cibo.

LA GALLINA MARTA

È innamorata di Alberto e desidera sposarsi con lui al più presto. È sempre pronta ad aiutare tutti e fa molte cose: adora ballare, andare al cinema, vedere gli amici, ecc. È una convinta femminista e una brava cuoca.

MOSÈ, IL CANE GUARDIANO

Guardiano e custode della fattoria McKenzie sorveglia tutto e tutti, soprattutto Alberto (che odia!). È alto e grande e sono molte le volte che deve fermare con la forza Lupo Alberto.

ENRICO LA TALPA

È il migliore amico di Alberto e il marito di Cesira. È una talpa di mezza età, fa l'impiegato, tutte le mattine va in ufficio a lavorare, odia sua suocera, gli piace molto rimanere a casa e leggere tranquillamente e comodamente il giornale.

CESIRA LA TALPA

È la moglie di Enrico, una casalinga di mezza età. È lei che fa la spesa, pulisce, lava i piatti, mette in ordine la casa. Cesira a volte consiglia e consola Marta quando ha qualche problema con il suo fidanzato Lupo Alberto.

.... è il più **dinamico** / la più **dinamica**.
.... è il più **forte** / la più **forte**.
.... è il più **pigro** / la più **pigra**.
.... è il più **pulito** / la più **pulita**.
.... è il più **tranquillo** / la più **tranquilla**.

strategie Per memorizzare meglio gli aggettivi, abbinali a delle persone che conosci secondo le loro caratteristiche principali.

B. Completa queste frasi e poi parlane con un compagno. Se vuoi, aiutati con il dizionario.

- La mia famiglia dice che sono ....
- I miei amici dicono che sono ....
- I miei colleghi/compagni di corso dicono che sono ....
- Il mio insegnante dice che sono ....

PAROLE UTILI

musone/a   puntuale   chiacchierone/a

curioso/a   solare   goloso/a

1. CHE ORE SONO?

 A. Osserva come si dice l'ora in italiano e scrivi le ore che mancano.

Sono le quattro e dieci.

Sono le cinque e un quarto.

Sono le dieci meno un quarto / le nove e quarantacinque.

È l'una (in punto).

Sono le otto e mezza / mezzo.

È mezzogiorno / mezzanotte.

....

 B. Osserva di nuovo le ore e completa gli esempi seguenti.

È l'una.

.... mezzogiorno.

.... le otto e mezza.

Orologio della Torre dei Mori (Venezia)

 **C.** Completa con le ore che senti. → **ESERCIZI**

traccia 29

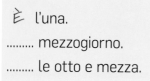

Il nostro progetto

Il compitino: scopri chi è il più mattiniero e il più dormiglione della classe. Chiedi ai tuoi compagni a che ora si alzano e vanno a dormire.

• A che ora ti alzi?
□ Presto... alle sette meno un quarto.
• E a che ora vai a dormire?
□ Tardi... a mezzanotte.

2. CHE FAI DI BELLO?

 A. Osserva l'agenda di Michele. Secondo te com'è? Indica quali aggettivi sono i più adatti.

• Michele è molto sportivo, vero?
□ Secondo me sì.

Febbraio

lunedì	martedì	mercoledì	giovedì	venerdì	sabato	domenica
1 18.00 -19.30 pallanuoto	2 07.30 correre	3 18.00 -19.30 pallanuoto 20.30 cinema con Laura	4 07.30 correre	5 18.00 palestra 20.30 cena con Guido e Carlo	6 spesa 19.00 calcetto	7 pranzo dai miei
8 18.00 -19.30 pallanuoto	9 07.30 nuoto	10 18.00 -19.30 pallanuoto 20.00 compleanno Nicola	11 07.30 correre 19.00 partita di calcio	12 18.00 palestra	13 spesa 20.00 cena con Francesca	14 11.00 calcetto pranzo dai miei
15 18.00 -19.30 pallanuoto	16 07.30 correre 19.00 calcetto	17 18.00 -19.30 pallanuoto	18 07.30 correre 19.00 aperitivo con Giovanni	19 18.00 palestra 20.30 cinema con Marina	20 spesa 20.00 stadio Milan - Juve	21 11.00 tennis con Paolo pranzo dai miei
22 18.00 -19.30 pallanuoto	23 07.30 correre	24 18.00 -19.30 pallanuoto 20.00 partita Coppa UEFA al bar	25 07.30 correre 19.00 mostra con Marina	26 18.00 palestra 21.00 concerto jazz	27 spesa 20.00 teatro con Nicola	28 10.00 giro in bici pranzo dai miei

attivo   mammone

sportivo   chiuso

abitudinario

organizzato

socievole

> **L'attività è la sorgente della prosperità.**
> Proverbio italiano

B. Osserva di nuovo l'agenda di Michele e indica con che frequenza fa le diverse attività.

(quasi) sempre	spesso	a volte / qualche volta	raramente	(quasi) mai
pallanuoto	correre	calcetto	teatro	tennis
....	....	....	....	....
....	....	....	....	....

C. E tu cosa fai durante il tuo tempo libero? Parlane con un compagno.

• Vai mai a teatro?
□ Qualche volta, con i miei amici.
• Quante volte vai in palestra?
□ Non vado mai in palestra. Ma vado in piscina due volte alla settimana.

PAROLE UTILI

andare a pattinare   fare la spesa   andare a teatro

fare shopping   navigare su internet   andare a correre

3. CHE GIORNATA!

A. Leggi i testi e di' a quale professione si riferiscono.

La mattina comincio a lavorare alle 9 e finisco all'una, il pomeriggio lavoro dalle 15:30 alle 19:30. Durante la pausa a volte vado in palestra. Lavoro anche il sabato, però il lunedì ho la mattina libera.

Generalmente comincio a lavorare alle 17, alle 20 faccio una pausa e poi finisco verso le 24:30. Faccio turni differenti, lavoro spesso il fine settimana e anche la domenica dalle 11 alle 16.

Lavoro dal lunedì al venerdì, mi alzo sempre alle 6:30, mi faccio la doccia, poi faccio colazione ed esco. Lavoro dalle 8 alle 17, tra le 12 e le 13 faccio la pausa pranzo e verso le 10 di solito prendo un caffè.

MECCANICO   COMMESSA   PIZZAIOLO

 B. Osserva di nuovo i testi e completa gli orari.

mi alzo *alle* 6:30	lavoro 15:30
prendo un caffè 10	.... 19:30
finisco 24:30	

C. E tu che orari hai? Dillo ai tuoi compagni.

- Io mi alzo alle 7 e ho lezione dalle 8 alle 14.
- Io lavoro di sera, in un ristorante, dalle 18 a mezzanotte.

4. IO, INVECE, SÌ!

 A. Osserva le vignette e abbina le etichette ai personaggi.

○ Anch'io.

○ Vado in palestra tutti i giorni.

○ Neanch'io.

○ Io, invece, sì.

○ Io, invece, no.

○ Non vado mai in discoteca.

B. Adesso parla delle tue abitudini e dei tuoi orari con i tuoi compagni.

- Io faccio colazione al bar tutti i giorni.
- Io invece no, prendo un caffellatte a casa.

1. CHE VANITOSO!

Abbina le illustrazioni agli aggettivi e poi scegline uno. I tuoi compagni devono indovinare qual è seguendo gli indizi.

- *Mi guardo sempre allo specchio, seguo la moda e vado dal parrucchiere tre volte al mese.*
- □ *Vanitoso!*

ambientalista	pigro - pigra
attivo - attiva	secchione - secchiona
festaiolo - festaiola	sportivo - sportiva
intellettuale	taccagno - taccagna
lavoratore - lavoratrice	vanitoso - vanitosa

2. A CIASCUNO IL SUO

A. A che sport corrispondono questi oggetti? Abbina le immagini agli sport.

la mazza

il canestro

gli sci

il pallone

la racchetta

gli occhialetti

il calcio

il baseball

la pallacanestro

il tennis

lo sci

il nuoto

B. Adesso pensa agli sport che ti piacciono di più e scrivi accanto gli oggetti che servono per praticarli.

ciclismo: bicicletta, guanti...
jogging: scarpe da corsa...

CHIEDERE E DIRE L'ORA

(Senta, scusi)
(Senti, scusa) } che **ora è**? / che **ore sono**?

🕐 **È** mezzogiorno / mezzanotte.
🕐 **È** l'una.
🕐 **Sono** le dieci e un quarto.
🕐 **Sono** le tre e mezza / mezzo.
🕐 **Sono** le sei e tre quarti / le sette meno un quarto.
🕐 **Sono** le quattro e cinquanta / le cinque meno dieci.

Le nove **di** mattina / **di** sera.
Le tre **di** pomeriggio / **di** notte.

INFORMARSI SULL'ORARIO

- ◆ **A che ora** vai a dormire?
- ▫ **Alle** undici / **intorno alle** undici.

- ◆ **Quando** pranzi?
- ▫ **Verso le** due / **fra (tra) le** due e **le** tre.

- ◆ **Fino a che ora** lavori?
- ▫ **Fino alle** tre / **fino a** mezzogiorno.

- ◆ **Che orario** fai il venerdì?
- ▫ Lavoro **dalle** 9 **alle** 15.

I VERBI CON LE PREPOSIZIONI

cominciare	a	infinito	*Comincio a lavorare alle 8.*
continuare			*Continuo a studiare.*
andare			*Vado a correre.*
finire	di		*Finisco di lavorare alle 17.*

andare	a	teatro, letto, casa, pranzo, cena...
	al	cinema, bar, ristorante, supermercato...
	in	palestra, piscina, pizzeria, banca, biblioteca...

LA FREQUENZA

Fai sport?	(Quasi) sempre.
	(Molto) spesso.
	Ogni tanto / a volte / qualche volta.
	Raramente / quasi mai.
	Mai.
Quando?	Il venerdì mattina / pomeriggio / sera / notte.
Quante volte al giorno / mese / all'anno / alla settimana fai sport?	(Di solito, generalmente) una volta / due/tre volte alla settimana.

👁 Vado al cinema **venerdì** = vado al cinema questo venerdì / il prossimo venerdì
Vado al cinema **il venerdì** = vado al cinema tutti i venerdì / ogni venerdì

LA POSIZIONE DELL'AVVERBIO

Vai **mai** al cinema?
Vado **sempre** al cinema.
~~Sempre vado al cinema.~~
Vado **spesso** al cinema. / **Spesso** vado al cinema. / Vado al cinema **spesso**.
Non vado **mai** al cinema.
~~Mai vado al cinema.~~

LA SEQUENZA DELLE AZIONI

Prima faccio colazione, **poi** mi lavo e **poi** mi vesto.
Prima studio, **dopo** vado a correre e **più tardi** leggo un po'.

LE PARTI DEL GIORNO

| la mattina | il pomeriggio |
| la sera | la notte |

DORMIRE	ALZARSI	GIOCARE	ANDARE	RIMANERE	USCIRE
dorm**o**	**mi** alzo	gioco	vado	riman**go**	**e**sco
dorm**i**	**ti** alzi	gio**chi**	vai	rimani	**e**sci
dorm**e**	**si** alza	gioca	va	rimane	**e**sce
dorm**iamo**	**ci** alziamo	gio**chi**amo	andiamo	rimaniamo	usciamo
dorm**ite**	**vi** alzate	giocate	andate	rimanete	uscite
dorm**ono**	**si** alzano	giocano	vanno	riman**gono**	**e**scono

 Dormire fa parte del gruppo in **-ire** come *partire, sentire, offrire...*; *alzarsi* è un verbo riflessivo come *chiamarsi, vestirsi, lavarsi...*

1. Cosa fai in questi momenti della giornata?

la mattina presto — vado a correre

il pomeriggio

dopo pranzo

la sera — guardo la tv

2. Quali parole possono accompagnare questi verbi?

ANDARE ....

FARE ....

Suoni e lettere

Ascolta le frasi: sono domande o esclamazioni? Utilizza il punto di domanda (?) o il punto esclamativo (!). Riascoltale e ripetile.

traccia 30

1. A che ora ti svegli la mattina
2. Così tardi
3. Di solito fai sport
4. Ti guardi spesso allo specchio
5. Dici
6. Io, invece sì
7. Che fai di bello
8. Che giornata
9. Così presto
10. Vai mai al cinema la domenica

È TARDI! È TARDI!

1. DALLA MATTINA ALLA SERA

A. Come ti immagini la giornata del tuo insegnante? Completa le seguenti frasi.

Lui / lei si alza alle...

Lui / lei comincia a lavorare alle...

Lui / lei pranza alle...

Lui / lei finisce di lavorare alle...

Lui / lei cena alle...

Lui / lei va a letto alle...

• *Secondo me si alza alle 7:30...*

 B. Fai delle domande al tuo insegnante per verificare le tue ipotesi.

 C. Adesso ascolta Claudia, una professoressa del liceo, che descrive la sua giornata abituale. Poi confronta i suoi orari con quelli del tuo insegnante.

traccia 31

• *Tutti e due si alzano...*

2. PRIMA PRENDO UN CAFFÈ

 A. Filippo racconta quello che fa la mattina quando si sveglia. Ascolta la registrazione e metti in ordine le seguenti azioni.

traccia 32

- accende la radio
- si veste
- si fa la barba
- beve il caffè
- va al lavoro
- si lava i denti
- si alza
- si fa la doccia
- va in cucina

B. E tu, cosa fai la mattina quando ti alzi? Parlane con un compagno.

• *Prima bevo un caffellatte, poi ascolto le notizie, e poi mi preparo per uscire.*

▢ *Io invece prima mi faccio la doccia e poi faccio colazione.*

C. E il fine settimana fate le stesse cose?

• *Tutti e due ci alziamo tardi, io la mattina leggo un po' e invece lui fa una passeggiata...*

D. Il tuo compagno ha delle abitudini che ti sorprendono? Dillo al resto della classe.

• *Non fa colazione, però mangia qualcosa alle 10.*

3. IL SECCHIONE DELLA CLASSE

A. Ecco alcune strategie per migliorare il tuo italiano. Usi anche tu le stesse?

☐ **1.** Leggo i giornali in italiano.

☐ **2.** Quando leggo in italiano, cerco di capire il senso generale.

☐ **3.** A volte, vedo dei film in italiano al cinema.

☐ **4.** Quando leggo non cerco tutte le parole che non conosco nel dizionario.

☐ **5.** Navigo su internet e cerco siti in italiano.

 B. Ascolta Marcos che racconta cosa fa per migliorare il suo italiano. Indica quali strategie del punto A utilizza.

traccia 33

C. Usi altre strategie per migliorare il tuo italiano?

 Avere delle strategie per imparare meglio una lingua straniera è utile per acquistare più autonomia nello studio. Puoi creare il tuo piano strategico scegliendo le attività che ti piacciono di più.

4. E IL VINCITORE È...

Il nostro progetto

A. Decidi quale tra i seguenti premi vuoi assegnare a uno dei tuoi compagni. Ricordi a quali aggettivi corrispondono? Se vuoi, puoi anche proporre dei nuovi premi.

B. Prepara un questionario per sapere a chi consegnare il premio. Poi fai le domande ad alcuni compagni.

PREMIO PER IL PIÙ FESTAIOLO	QUANTE VOLTE ESCI ALLA SETTIMANA?	A CHE ORA TI ALZI IL FINE SETTIMANA?	A CHE ORA VAI A DORMIRE IL SABATO SERA?
KEIZO	2	ALLE 8	ALLE 11
HENRIK	6 O 7	ALLE 14	NON DORMO
SYLVIE	3	A MEZZOGIORNO	VERSO LE 2

C. In base alle risposte ottenute dai compagni, decidi chi è il vincitore o la vincitrice e consegna il premio.

• Il più festaiolo è... Henrik!! Congratulazioni!!!

Un'espressione per ogni situazione

In italiano esistono delle frasi fatte e dei proverbi che si riferiscono alle abitudini delle persone nei diversi momenti della giornata.

IL BUONGIORNO SI VEDE DAL MATTINO

1 La maggior parte degli italiani si alza verso le sette. L'80% della popolazione si fa la doccia la mattina mentre il 20% preferisce farla la sera. Il 90%
5 degli uomini italiani si fa la barba ogni giorno. Il 78,6% degli italiani fa colazione con caffè, tè e latte e normalmente mangia qualcosa. Il 61,2 % degli studenti usa l'autobus, il
10 tram o il treno per andare a scuola o all'università; invece il 68,2 % dei lavoratori preferisce andare al lavoro in macchina.

IL MATTINO HA L'ORO IN BOCCA

1 Sono molti gli italiani che si svegliano all'alba o a notte fonda per la loro professione: il fornaio, che si alza verso le tre del mattino, il pescivendolo e il fruttivendolo,
5 che alle quattro vanno a rifornirsi di prodotti ai mercati generali, l'operaio, l'infermiere o il medico che fanno il turno dalle sei alle due, i giornalisti che danno le notizie del mattino e tanti altri che per lavorare devono fare una
10 levataccia.

FARE LE ORE PICCOLE

1 Aperitivo, cena, cinema o teatro, quattro chiacchiere in un pub e poi a ballare! La notte degli italiani, soprattutto dei più giovani, è lunga e variata. Piccole e grandi città offrono diversione
5 per tutti i gusti, da un aperitivo con i colleghi dopo il lavoro a spettacoli di teatro, da ristoranti di tutti i tipi a locali con musica dal vivo e discoteche. Gli italiani amano sempre di più vivere la notte ed
10 esistono locali e feste che propongono la formula "afterhours" per i più nottambuli.

1. E da voi? Nella vostra lingua esistono delle espressioni che si riferiscono alle parti del giorno?

Italiani e tempo libero

1 Secondo un'indagine dell'ISTAT (Istituto Nazionale di Statistica) il passatempo preferito dagli italiani è la televisione: il 93,6% della popolazione guarda la TV nel tempo libero. Ma

5 anche la radio piace, il 57,7% ascolta la radio ogni giorno, e il cinema rappresenta l'intrattenimento fuori casa preferito: il 47,7% frequenta il grande schermo con frequenza. Il teatro invece non piace tanto (17,2%) e i libri ancora meno: solo 12 persone

10 su 100 leggono in media un libro al mese. Però sono in aumento le visite a mostre e musei (30% circa) e a monumenti e siti archeologici (25% circa). Importanti sono anche lo stadio (27,8%) e gli amici: il 30% circa degli italiani incontra gli amici due o

15 tre volte alla settimana.

2. Anche nel tuo paese è così? Scrivi un breve testo sulle attività preferite per il tempo libero e presentalo ai tuoi compagni.

6

TI STA PROPRIO BENE!

Il nostro progetto

Organizzare una sfilata di moda e chiedere informazioni sui capi d'abbigliamento e gli accessori che ci piacciono.

STRUMENTI PER IL NOSTRO PROGETTO:

I temi: la moda, gli acquisti on-line, il tempo meteorologico e le stagioni, il Made in Italy, i negozi d'abbigliamento e di accessori, gli euro italiani.

Le risorse linguistiche: gli aggettivi e i pronomi dimostrativi; il presente indicativo dei verbi **volere**, **potere** e **dovere**; le forme di cortesia **vorrei** e **volevo**; i pronomi diretti; il lessico della moda; i suoni [l], [ll] e [λ].

Le competenze:

Reperire informazioni e riconoscere descrizioni di capi d'abbigliamento e accessori; comprendere brevi testi sulla moda.

Riconoscere capi d'abbigliamento e accessori; capire che tempo fa; comprendere brevi descrizioni di capi d'abbigliamento e accessori.

Descrivere capi d'abbigliamento e accessori e parlare del modo di vestire.

Fare acquisti in un negozio di abbigliamento o accessori; esprimere opinioni sulla moda; scegliere capi d'abbigliamento.

Descrivere capi d'abbigliamento e accessori.

© Benetton, Giulio Rustichelli

UNITED COLORS OF BENETTON.

© Benetton, Toddler/S. Azario

MODA MADE IN ITALY

A. Ti piace la moda italiana? Di' quali marche italiane conosci e quali sono famose nel tuo paese.

B. Compri prodotti italiani di queste categorie?

- scarpe
- abbigliamento
- accessori
- borse e valigie
- profumi
- cosmetici
- gioielli

© Benetton, Toddler/S. Azario

UNITED COLORS OF BENETTON.

© Benetton, Josh Olins

© Benetton, Giulio Rustichelli

1. COMPRARE CON UN CLICK

A. Fai mai acquisti di capi d'abbigliamento o scarpe on-line? Parlane con i tuoi compagni.

- Io non compro mai on-line perché mi piace fare shopping in città.
- ☐ Io invece adoro comprare on-line perché ci sono delle buone offerte.

B. Mauro vuole comprare dei vestiti su internet. Ascolta la sua conversazione con Elisa e indica di quali dei seguenti prodotti parlano. Cosa comprano alla fine?

traccia 34

MODA ON-LINE

IL TUO STILE

IL MIO CARRELLO

TENDENZE MODA AUTUNNO-INVERNO

GRANDI FIRME   DONNA   UOMO   BAMBINO   **NOVITÀ**   INTIMO   SPORT

DONNA

FELPA CON CAPPUCCIO
rosa - grigio chiaro - bianco
XS - S - M - L - XL   **80€**

MAGLIETTA A MANICHE CORTE
giallo - viola - arancione
XS - S - M - L - XL   **25€**

MINIGONNA A QUADRI
grigio/bordò - blu/viola
36 - 38 - 40 - 42 - 44 - 46   **65€**

CAPPOTTO DOPPIO PETTO
rosso - nero - bianco
38 - 40 - 42 - 44 - 46   **200€**

UOMO

GIUBBOTTO CON ZIP
blu - nero - verde
46 - 48 - 50 - 52 - 54   **120€**

CAMICIA DI COTONE A QUADRI
quadri blu - quadri marroni
S - M - L - XL   **60€**

MAGLIONE DI LANA
grigio - marrone - blu
S - M - L - XL   **90€**

POLO A MANICHE CORTE A RIGHE
rosa - verde - blu
XS - S - M - L - XL   **45€**

I capi d'abbigliamento di questa pagina sono di © Benetton (Playlife e Jeanswestman)

C. Adesso tocca a te! Con un compagno, scegli un capo per voi e uno per il vostro insegnante.

- Per me la gonna di jeans, e per te va bene la felpa?
- ☐ Sì, e che ne dici del maglione per il professore?
- Sì, gli stanno bene i colori scuri.

strategie

Per memorizzare meglio il lessico della moda, puoi visitare dei siti italiani d'abbigliamento e guardare il catalogo.

2. UNA SETTIMANA A CAPRI

 A. A fine maggio Margherita va a Capri dalla
sua amica Irene per una settimana. Ascolta
la loro telefonata e di' che tempo fa a Capri.
traccia 35

c'è il sole   nevica   fa freddo

piove   fa caldo   è nuvoloso

 B. Adesso ascolta di nuovo la telefonata e indica quali oggetti nominano le ragazze.
Poi completa la lista con i nomi che mancano insieme a un compagno.
traccia 35

1. i pantaloncini a fiori
2. le camicette di lino a maniche corte
3. il costume da bagno a pois
4. la felpa con il cappuccio
5. ...
6. le magliette a maniche lunghe
7. ...
8. ...
9. ...
10. le canottiere
11. i sandali
12. le scarpe da ginnastica
13. gli stivali
14. i calzini
15. le mutande
16. il reggiseno
17. il berretto di lana
18. ...
19. la cintura
20. gli occhiali da sole
21. l'ombrello
22. il golfino di cotone

C. Secondo te, tutti gli oggetti che porta
Margherita sono necessari? E tu di solito cosa
porti per una vacanza al mare?

• *Secondo me il maglione di lana è inutile perché fa
caldo. Io di solito porto solo pantaloncini e magliette.*

Il nostro progetto

Il compitino: scegli una
località turistica italiana con dei
compagni e preparate la valigia.

1. COSA MI METTO OGGI?

A. Osserva la descrizione dell'uomo moderno italiano e completa il quadro.

si mette/indossa	la camicia
si mette	le scarpe da ginnastica
porta	la cravatta
si veste	in modo classico

L'ELEGANZA DELL'UOMO MODERNO

L'uomo moderno italiano ama vestire bene. Per andare al lavoro si veste in modo classico: si mette la camicia e i pantaloni e indossa la giacca. Si mette le scarpe eleganti e porta la cravatta e a volte, per sembrare più serio, porta gli occhiali invece delle lenti a contatto. Ma per uscire con gli amici si veste in modo casual: indossa i jeans e una maglietta e si mette le scarpe da ginnastica – però tutto all'ultima moda!

B. E tu cambi il look secondo i posti dove vai? Parlane con i tuoi compagni.

Al lavoro	Per uscire con gli amici
A lezione	Per andare a una festa
A casa di parenti	Per andare a teatro o all'opera

• Cosa ti metti per uscire con gli amici?
□ Per uscire con gli amici mi vesto in modo sportivo. Di solito mi metto i jeans.

C. Adesso osserva queste illustrazioni e di' al tuo compagno cosa deve mettersi o portare in ogni stagione.

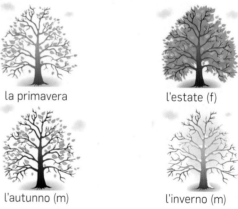

la primavera   l'estate (f)

l'autunno (m)   l'inverno (m)

• In inverno fa freddo! Devi metterti il cappotto.

D. E tu, come ti vesti in ogni stagione?

• Di solito, d'inverno porto la sciarpa e i guanti.

PAROLE UTILI

classico ≠ moderno	alla moda ≠ fuori moda
elegante ≠ sportivo	vistoso ≠ sobrio

2. VORREI VEDERE QUEL VESTITO.

 A. Osserva l'illustrazione e i testi dei fumetti. Poi completa il quadro degli aggettivi dimostrativi.

VICINO	LONTANO
questo cappello	.... cappello
questo impermeabile	.... impermeabile
questo zaino	quello zaino
.... borsa	quella borsa
questi jeans	.... jeans
questi stivali	.... stivali
.... scarpe	.... scarpe

 B. Osserva le foto di p. 88 e 89 e immagina di essere davanti a una vetrina. Cosa ti piace? Parlane con un compagno.

- A me piace quella giacca turchese.
- A me invece quel maglione verde.
- E guarda che belle quelle scarpe!
- Quali?
- Quelle gialle con il tacco alto.

3. LO VUOLE PROVARE?

A. Chi dice cosa? Indica quali battute sono del commesso/della commessa (C) e quali del cliente/della cliente (CL).

☐ Di che colore preferisce il costume?

☐ Giallo. Se non va bene lo posso cambiare?

☐ Ecco a lei la 46.

☐ La posso provare?

☐ Li vorrei con il tacco alto.

☐ Come li vuole gli stivali?

☐ Sì, le vuole provare?

☐ C'è il 43 di queste scarpe?

 B. Osserva i testi del punto A e indica che parole sostituiscono i pronomi diretti **lo**, **la**, **li**, **le**.

lo	il costume
la	
li	
le	

Il nostro progetto

Il compitino: adesso tocca a te! Insieme a un compagno scegli un negozio e inventa una scenetta. Per i vostri personaggi potete scegliere le caratteristiche che trovate di seguito.

Cliente	Commesso
indeciso	gentile
antipatico	poco paziente
con pochi soldi	disponibile

1. GLI EURO ITALIANI

A. Conosci gli euro italiani? Con un compagno prova ad abbinare le etichette alle immagini delle monete.

① 1 centesimo

② 2 centesimi

③ 5 centesimi

④ 10 centesimi

⑤ 20 centesimi

⑥ 50 centesimi

⑦ 1 euro

⑧ 2 euro

○ Dante Alighieri

○ La Mole Antonelliana

○ Statua di Marco Aurelio

○ L'Uomo Vitruviano di Leonardo da Vinci

○ La Venere del Botticelli

○ Il Colosseo

○ Castel del Monte

○ Statua *Forme uniche della continuità nello spazio* di Umberto Boccioni

B. Adesso di' come sono le monete del tuo paese.

2. DOVE LO COMPRO?

A. Osserva le foto di questi negozi e indica quali oggetti si possono comprare in ciascuno.

ABBIGLIAMENTO

PELLETTERIA

CALZATURE

CAMICERIA

stivali

pantaloni

camicie

borse

B. Cita altri oggetti che si possono comprare in questi negozi. Puoi aiutarti con il dizionario.

FARE ACQUISTI

◆ Buongiorno, **La posso aiutare?**
◇ **Vorrei** / **volevo** vedere quella giacca in vetrina.

◆ **Che taglia / numero porta?**
◇ La 44 / il 39.

◆ Se non va bene, **lo posso cambiare?**
◇ Certo, però deve conservare lo scontrino.

◆ **Quanto costa** questo maglione?
◇ 45 € (euro).

◆ **Posso pagare** con la carta di credito?
◇ Certo. Prego, si accomodi alla cassa.

 Quanto **viene** questa gonna?
= Quanto **costa** questa gonna?

L'AGGETTIVO BELLO

bel vestito	**bei** pantaloni
bello zaino	**begli** stivali
bell'impermeabile	**belle** scarpe
bella giacca	

 Che **bel** maglione!
Questo maglione è **bello**.
Che **bei** vestiti!
Questi vestiti sono **belli**.

I MESI DELL'ANNO

gennaio, febbraio, marzo, aprile, maggio, giugno, luglio, agosto, settembre, ottobre, novembre, dicembre

VERBI MODALI + INFINITO

Posso aiutarti?
Devi prendere un ombrello.
Vuole provare la giacca?

USO DEI VERBI STARE E DONARE

◆ Questo vestito **ti sta** proprio bene!
◇ Dici? Però il nero non **mi dona**...

POTERE	VOLERE	DOVERE
posso	voglio	devo
puoi	vuoi	devi
può	vuole	deve
possiamo	vogliamo	dobbiamo
potete	volete	dovete
possono	vogliono	devono

GLI AGGETTIVI DIMOSTRATIVI

VICINO (qui/qua)		LONTANO (lì /là)	
SINGOLARE	PLURALE	SINGOLARE	PLURALE
quest**o** maglione	quest**i** maglioni	que**l** maglione	que**i** maglioni
quest**o** impermeabile	quest**i** impermeabili	que**ll'**impermeabile	que**gli** impermeabili
quest**o** zaino	quest**i** zaini	que**llo** zaino	que**gli** zaini
quest**a** felpa	quest**e** felpe	que**lla** felpa	que**lle** felpe

I PRONOMI DIMOSTRATIVI

	VICINO (qui/qua)		LONTANO (lì /là)	
	SINGOLARE	PLURALE	SINGOLARE	PLURALE
MASCHILE	quest**o**	quest**i**	quell**o**	quell**i**
FEMMINILE	quest**a**	quest**e**	quell**a**	quell**e**

Posso provare anche quegli stivali con il tacco basso?

I PRONOMI DIRETTI

	SINGOLARE	PLURALE
MASCHILE	lo	li
FEMMINILE	la	le

I PRONOMI DIRETTI E I VERBI MODALI

Posso provar**la**? / **La** posso provare?
Vuole provar**lo**? / **Lo** vuole provare?

I COLORI

SINGOLARE		PLURALE	
maschile	**femminile**	**maschile**	**femminile**
ross**o**	ross**a**	ross**i**	ross**e**
ner**o**	ner**a**	ner**i**	ner**e**
grigi**o**	grigi**a**	grig**i**	grigi**e**
azzurr**o**	azzurr**a**	azzurr**i**	azzurr**e**
verd**e** arancion**e** marron**e**		verd**i** arancion**i** marron**i**	
beig**e** ros**a** viol**a** bl**u**			

1. Completa la mappa mentale secondo i tuoi gusti.

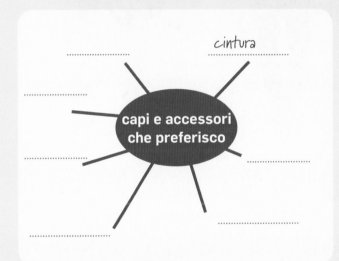

cintura

capi e accessori che preferisco

2. Cosa mi metto quando...

un maglione di lana,

Suoni e lettere

A. Ascolta le frasi e scrivi «l» [l], «ll» [ll] o «gl» [λ] secondo il suono. Poi riascoltale e ripetile.
traccia 36

1. Che bei panta___oni di ve___uto!
2. Il mio portafo___io è di pe__e.
3. Indosso una ma___ia sco___ata.
4. Porti de__i occhia___i molto be___i!
5. Guarda che be___a co___ana!
6. Preferisci que___i stiva___i o quei sanda___i?
7. Questa non è la mia ta___ia!

B. Ascolta le frasi e ripetile.
traccia 37

1. Guarda che bella camicia a righe!
2. Mi piacciono quelle giacche. Sono bellissime!
3. Che begli occhiali!
4. Carini quegli orecchini!
5. Che bel giubbotto!

CHE BELLA GIORNATA!

1. MODELLO NUMERO 4: GIUDITTA!

A. Ascolta le descrizioni di questi modelli della Sisley e indica a quali foto si riferiscono.

traccia 38

stra tegie

Ogni testo ha il suo stile e le sue caratteristiche, a seconda della tipologia: puoi aiutarti cercando degli esempi su internet (riviste di moda on-line, siti di stilisti, ecc.).

(a)
© Sisley, S. Manzo

(b)
© Sisley, S. Manzo

(c)
© Sisley, S. Manzo

(d)
© Sisley, S. Manzo

(e)
© Sisley, S. Manzo

(f)
© Sisley, S. Manzo

B. Adesso scrivi la descrizione della fotografia che ti mostra l'insegnante. Poi confrontala con quella di un compagno.

C. Quale stile preferisci tra quelli rappresentati nelle fotografie? E lo stile più popolare della classe qual è?

• Io preferisco lo stile informale. Lo stile più popolare della classe è quello sportivo.

curiosità

"Modello numero 4: Giuditta!" è una frase celebre del Piccolo Diavolo, *una divertente commedia di Roberto Benigni. In questa scena il protagonista improvvisa una sfilata di moda durante la messa. Puoi vedere il filmato su youtube.*

2. SFILATA DI MODA IN CLASSE

A. A gruppi. Preparate una sfilata di moda per i vostri compagni. Potete inventare il nome della casa di moda, della collezione e del modello. Scrivete un breve testo per ogni modello e presentatelo ai compagni.

B. I vostri compagni scelgono i capi che gli piacciono di più e vi chiedono delle informazioni.

• Mi piace molto il foulard del modello Giornata di sole... quanto costa?
• 80 euro, è 100% seta.

> CASA DI MODA: L'ELEGANZA
>
> COLLEZIONE PRIMAVERA-ESTATE PRÊT-À-PORTER
>
> MODELLO: GIORNATA DI SOLE
>
> RACHEL INDOSSA DEI JEANS BLU CHIARO E UNA CAMICETTA DI SETA ROSA ANTICO. PORTA UN FOULARD CELESTE...

A ciascuno il suo stile

La personalità degli stilisti italiani è immediatamente riconoscibile attraverso i vestiti-simbolo e alcune caratteristiche particolari che rendono unico lo stile di ciascuno di loro.

Il tessuto "animalier" di
Roberto Cavalli

Se si parla di tessuto "animalier" si parla di Roberto Cavalli. Lui fa del leopardo, del pitone e della tigre i protagonisti assoluti di moltissime collezioni. Le sue collezioni hanno sempre un riferimento alla savana o al look animalesco. I suoi capi d'abbigliamento sono molto colorati e hanno uno stile inconfondibile grazie alle stampe leopardate o zebrate ma sempre con tessuti raffinati come la seta.

Il taglio maschile di
Giorgio Armani

Giorgio Armani è noto specialmente per l'innovazione delle sue giacche: sposta i bottoni e modifica le proporzioni tradizionali. Il risultato è visibile soprattutto nel tailleur di taglio maschile che Armani pensa per le donne. Il suo è uno stile sobrio e raffinato. I suoi capi di abbigliamento e i suoi smoking sono classici ed eleganti e sono perfetti per avere un look di un'eleganza semplice ma con molto glamour.

1. Conosci altri stilisti italiani? Nel tuo paese quali sono gli stilisti più famosi?

L'espressione inglese Made in Italy si utilizza per tutti quei prodotti disegnati e realizzati in Italia. Ma non solo. Il Made in Italy è anche un marchio di garanzia: i prodotti italiani sono infatti conosciuti mondialmente per l'alta qualità, la cura dei dettagli e lo stile del disegno. Esiste anche una legge del 2009 per tutelare questo marchio: il Made in Italy è solo per prodotti interamente italiani.

Il "patchwork o put-together" di **I Missoni**

Una moda originale e creativa: le righe, i colori e la fantasia in cui si fonde il moderno folclore con lo chic. Quello di Missoni è uno stile completamente diverso, con un disegno elementare in cui il colore è il vero protagonista. Una moda libera che è frutto della genialità e della semplicità. Le composizioni cromatiche dei Missoni sono delle vere e proprie opere d'arte contemporanea.

Il "rosso" **Valentino**

Valentino si riconosce sicuramente per una sfumatura particolare di rosso che ha creato e che si conosce come il "rosso Valentino". Per questo colore, che si ottiene usando il rosso magenta, il giallo e un po' di nero, lo stilista si è ispirato ai colori vivi visti in Spagna e a un vestito di velluto rosso indossato da una donna a Barcellona.

2. Quali sono i prodotti tipici del tuo paese? E quelli che si esportano di più? Prepara una breve presentazione per i tuoi compagni.

Produzione orale

	nome della prova	parti della prova	tipologia di esercizi	durata	punteggio
CILS	Produzione orale	2	• presentazione: sviluppare una breve conversazione con l'esaminatore per presentarsi • monologo: parlare a partire da un argomento o un'immagine	10 minuti	12
CELI	Produzione e interazione orale	2	• produzione: breve monologo articolato • interazione: corretto feedback e risposte brevi (1 / 2 parole)	5/6 minuti (comprende produzione e interazione orale)	50
PLIDA	Prova orale	3	• conversazione: rispondere a delle domande semplici e interagire in situazioni diverse • descrizione: descrivere una persona, un oggetto, una situazione a partire da immagini	10 minuti	30

Suggerimenti e consigli per la prova

- Durante la prova, quando ti viene chiesto di presentarti, rispondi in modo semplice: lo scopo principale di questa parte è di "rompere il ghiaccio".

- Se non ti ricordi una parola durante la prova, cerca di spiegare quello che vuoi dire con altre parole.

- Mantieni la calma e se non capisci la domanda, chiedi se la possono ripetere.

- Usa strutture e parole per far capire all'esaminatore che sei in grado di mantenere la conversazione e di costruire un discorso coerente.

ESERCIZIO 1

A coppie: svolgete la vostra parte del dialogo a partire dalle seguenti situazioni (4 minuti circa).

 In un negozio di abbigliamento: volete comprare un maglione.

 Dovete andare nella città del vostro compagno: chiedete informazioni.

 Informatevi sulle caratteristiche della città.

 Informatevi sugli orari e attività del vostro compagno.

ESERCIZIO 2

Fai una breve presentazione di te stesso a partire da queste
domande (2-3 minuti circa).

- Come ti chiami?
- Quanti anni hai?
- Di dove sei?
- Dove abiti?

- Con chi vivi?
- Hai fratelli e sorelle?
- Come si chiamano?
- Quanti anni hanno?

- Che lavoro fai?
- Che cosa studi?
- Dove studi?
- Dove lavori?

- Ti piace il tuo lavoro?
- Dove hai studiato l'italiano?
- Che prodotti italiani compri?
- Conosci ristoranti italiani?

ESERCIZIO 3

Descrivi queste fotografie (3 minuti circa).

A. A ognuno il
suo stile

❶

Playlife/Fabbrica, aw12

❷

Sisley woman/ Fabbrica, aw12

❸

Playlife/Fabbrica, aw12

B. Professioni e orari

❶

❷

C. Il tempo libero

Autovalutazione

1. Competenze unità 5 e 6	Sono capace di...	Ho delle difficoltà a...	Non sono ancora capace di...	Esempi
parlare delle proprie abitudini				
dire e chiedere l'ora				
informare/informarsi su orari e frequenza				
parlare di sequenze di azioni				
fare acquisti in un negozio di abbigliamento				
descrivere il modo di vestire				
dare il nostro parere sul modo di vestire				
parlare del tempo meteorologico				

2. Contenuti unità 5 e 6	So e uso facilmente...	So ma non uso facilmente...	Non so ancora...
i verbi in -ire e i verbi riflessivi			
il verbo uscire e altri verbi con irregolarità			
verbi con preposizioni: cominciare a...			
avverbi ed espressioni di frequenza: sempre, mai, spesso...			
aggettivi e pronomi dimostrativi			
i pronomi diretti			
i verbi volere, potere e dovere			

Bilancio

Come uso l'italiano	☺	😐	😑	☹
quando leggo				
quando ascolto				
quando parlo				
quando scrivo				
quando realizzo le attività				

La mia conoscenza attuale	☺	😐	😑	☹
della grammatica				
del vocabolario				
della pronuncia e dell'ortografia				
della cultura				

In questo momento, i miei punti di forza sono: ....

In questo momento le mie difficoltà sono: ....

Idee per migliorare	in classe	fuori dalla classe (a casa mia, per la strada...)
il mio vocabolario		
la mia grammatica		
la mia pronuncia e la mia ortografia		
la mia pratica della lettura		
la mia pratica dell'ascolto		
le mie produzioni orali		
le mie produzioni scritte		

Se vuoi, parlane con un compagno.

7
BEN FATTO!

Il nostro progetto

Fare un bilancio delle nostre esperienze e delle nostre qualità per offrire un servizio.

STRUMENTI PER IL NOSTRO PROGETTO:

I temi: le banche del tempo; la scuola e l'università in Italia; biografie di donne italiane famose; il volontariato in Italia; requisiti e competenze personali.

Le risorse linguistiche: il passato prossimo; la formazione del participio passato; participi passati irregolari; marcatori temporali; il presente indicativo di **sapere**; il contrasto tra **potere** e **sapere**.

Le competenze:

Reperire informazioni su test d'orientamento, annunci di servizi privati e offerte di lavoro; ricostruire brevi biografie; comprendere testi di presentazione.

Reperire informazioni di un colloquio d'orientamento; riconoscere informazioni in brevi notizie.

Parlare delle proprie competenze, abilità ed esperienze personali.

Dire e chiedere cosa possiamo e sappiamo fare.

Scrivere annunci per offrire un servizio.

LEZIONI DI PIANO
2

Ragazza responsabile e affidabile offre servizio di baby-sitting in cambio di lezioni di piano.
Serena sere97@gmails.it
349 568971

LAVORETTI DOMESTICI
4

Vorrei rinnovare la mia casa e cerco aiuto per dei lavoretti domestici, in cambio posso insegnarti a fare un piccolo giardino nel tuo terrazzo.
Susanna susy@gmails.it

CERCO LEZIONI DI DISEGNO
6

Vorrei imparare a disegnare bene, in cambio posso occuparmi del tuo cane o del tuo gatto quando vai in vacanza.

Patrizio patril@virgilio.net

IL PARRUCCHIERE A CASA
8

Non hai tempo per andare dal parrucchiere? Nessun problema: vengo io a casa tua! Ho lavorato in un salone di bellezza e posso farti la piega e il colore. Tu puoi insegnarmi a fare dolci e pane?

Irina 320 786562

LA BACHECA DEL TEMPO

A. Queste persone fanno parte di un'associazione di scambio di servizi. Abbina le foto agli annunci corrispondenti.

B. C'è qualche servizio che ti interessa?

• A me interessa l'annuncio di Adele perché voglio imparare a cucire.

1. SAI GIÀ QUELLO CHE VUOI FARE?

A. Arianna, una ragazza di 18 anni, fa un test d'orientamento per decidere cosa studiare dopo il liceo. Leggi la sua scheda e poi indica che tipo di studi può fare secondo te.

SERVIZIO ORIENTATI

TEST D'ORIENTAMENTO UNIVERSITARIO

Nome: Arianna
Cognome: Marolleau
Sesso: maschio ☐ femmina ☒
Età: 18
Città: Treviso

Come hai saputo del Servizio Orientati?

Da un compagno di scuola

Frequenti ancora la scuola?

Sì ☐ No ☒

Quale istituto o liceo frequenti / hai frequentato?

Liceo artistico

Quale titolo hai conseguito?

Diploma di Maturità

Hai svolto o svolgi un'attività lavorativa?

Sì ☒ No ☐

Se sì, quale?

Ho fatto la baby-sitter a 2 bambini di 6 e 4 anni e ho dato ripetizioni di francese e inglese. Faccio volontariato in un centro per animali abbandonati.

Continuativa ☐
Occasionale ☒
Part-time ☒
Tempo pieno ☐

Quali sono i tuoi hobby?

Gioco a pallacanestro, faccio equitazione e adoro dipingere (ho frequentato un corso di pittura per 3 anni).

Per quale tipo di attività ti senti portato/a?

Mi piacciono i lavori di gruppo, sono più interessanti e si impara molto dagli altri.
Adoro lavorare con i bambini e gli animali.

Hai già partecipato ad attività di orientamento?

Sì ☒ No ☐

Se sì, indica quali:

• colloqui individuali con un esperto ☐
• giornate di orientamento ☒
• fiere del settore ☐

• Secondo me Arianna può fare Storia dell'arte perché le piace molto la pittura.

PAROLE UTILI

Architettura

Scienze dell'educazione

Scienze motorie

Storia dell'arte

Lingue

Veterinaria

Medicina

Economia

stra tegie

Osserva bene la lingua utilizzata nei documenti autentici: è una fonte di risorse per la produzione, orale e scritta.

traccia 39

B. Ora ascolta il colloquio di Arianna con il tutor d'orientamento e indica quali informazioni sono vere.

Arianna crede di essere portata per:
☐ le lingue ☐ la letteratura ☐ l'arte ☐ la pittura ☐ le scienze

Le sue passioni sono:
☐ la pittura ☐ i bambini ☐ i gialli ☐ gli animali ☐ la musica

Le lingue che ha studiato sono:
☐ il francese ☐ lo spagnolo ☐ il tedesco ☐ l'inglese ☐ il portoghese

Ha pensato di studiare nella facoltà di:
☐ Veterinaria ☐ Medicina ☐ Storia dell'arte ☐ Lingue

Le professioni che le interessano sono:
☐ insegnante ☐ medico ☐ baby-sitter ☐ veterinario

C. Adesso che conosci un po' di più Arianna, scegli uno o più aggettivi per definire la sua personalità. Parlane con i compagni.

○ allegra   ○ introversa
○ aperta   ○ paziente
○ comprensiva ○ responsabile
○ creativa   ○ solare
○ curiosa   ○ socievole
○ estroversa   ○ sensibile

- Sembra una persona paziente perché ha lavorato con i bambini.
- Secondo me è anche responsabile perché fa volontariato.

curiosità

L'Università di Bologna, l'Alma Mater Studiorum, è la più antica università del mondo occidentale. L'anno di fondazione è il 1088, quando un gruppo di studenti crea un'organizzazione laica per scegliere e finanziare direttamente i docenti. Oggi ha 23 facoltà e 80.000 studenti. La sede principale è Bologna ma dispone di altre sedi didattiche in Romagna e di una sede all'estero (Buenos Aires).

Il nostro progetto

Il compitino: quali sono le tue esperienze e le tue passioni? Di' ai tuoi compagni per cosa sei portato e in cosa sei bravo.

- Io sono portata per le lingue. E tu?
- Io sono molto bravo a cucinare.

1. È TUTTO VERO?

traccia 40

A. Leggi le notizie. Quali informazioni sono vere e quali false? Parlane con i compagni. Poi ascoltate la registrazione e verificate.

Dario Fo è un drammaturgo e un attore di teatro molto famoso. Nel 1997 ha ottenuto il Premio Nobel per la letteratura e, da ragazzo, è stato anche paracadutista.

Lady Gaga, nome d'arte di Stefani Joanne Angelina Germanotta, ha ricevuto 8 premi Grammy durante la serata di Gala di MTV. Per l'occasione si è vestita con un abito di carne.

Leonardo da Vinci è stato un genio anche in cucina: ha lavorato come cuoco in una locanda con Sandro Botticelli e per Ludovico il Moro. Ha inventato moltissime ricette e ha costruito delle macchine per cucinare.

Sophia Loren si è sposata due volte con Carlo Ponti e hanno avuto due figli. Negli anni Cinquanta si è trasferita negli Stati Uniti per lavorare a Hollywood.

 B. Adesso osserva le forme verbali dei testi precedenti e trova l'infinito corrispondente.

PASSATO PROSSIMO	INFINITO
ha ottenuto	*ottenere*
è andata	....
ha ricevuto	....
si è vestita	*vestirsi*
si è sposata	....
hanno avuto	....
si è trasferita	....
è stato	*essere*
ha lavorato	....
ha inventato	....
ha costruito	....

 C. Osserva le forme del participio passato e completa il quadro con le terminazioni corrispondenti.

CONIUGAZIONE	TERMINAZIONE PARTICIPIO
-ARE	*-ato/a*
-ERE	....
-IRE	....

curiosità

Nel 1950 Sophia Loren ha partecipato al concorso di bellezza Miss Italia e ha ottenuto il premio di Miss Eleganza, un premio creato apposta per lei e che ancora oggi viene assegnato.

2. DONNE PIENE DI VITA

 A. Queste tre donne si sono distinte in ambiti di lavoro differenti. Leggi i testi e decidi quali informazioni corrispondono a ognuna di loro.

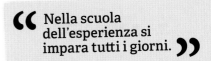
« Nella scuola dell'esperienza si impara tutti i giorni. **»**

Proverbio Popolare

☐ È nata in provincia di Udine nel 1927 e poi si è trasferita a Milano per studiare architettura al Politecnico.

☐ È nata a Firenze nel 1922 dove ha frequentato il Liceo classico e l'università.

☐ È nata a Torino nel 1909 da genitori ebrei e ha abitato in questa città fino al 1938.

☐ Nel 1936 si è laureata in Medicina ma nel 1938 ha lasciato l'Italia a causa delle leggi razziali ed è partita per il Belgio.

☐ Dal 1955 al 1965 ha fatto parte della redazione della rivista di architettura "Casabella-Continuità".

☐ Dopo un breve periodo a Milano, è tornata a Firenze dove ha lavorato come docente all'Università.

☐ Dal 1960 ha insegnato Composizione architettonica prima a Venezia e in seguito a Milano.

☐ Durante la Seconda Guerra Mondiale ha lavorato come medico con gli inglesi e gli americani.

A. Margherita Hack
astrofisica

B. Gae Aulenti
architetto

C. Rita Levi-Montalcini
scienziata

☐ Per 30 anni, dal 1947 al 1977, ha vissuto e ha lavorato negli Stati Uniti.

☐ Nel 1978 ha fondato la rivista «L'Astronomia».

☐ Tra il 1980 e il 1986 ha lavorato a Parigi perché ha disegnato il Museo d'Orsay e il Museo Nazionale d'Arte Moderna.

☐ Nel 1997 è andata in pensione ma ha continuato a lavorare nel Centro Interuniversitario Regionale per l'Astrofisica e la Cosmologia di Trieste.

☐ Nel 1986 ha ricevuto il premio Nobel per la Medicina perché ha scoperto il Nerve Growth Factor.

☐ Nel 1992 ha creato la Fondazione Levi-Montalcini Onlus per aiutare le giovani donne africane.

☐ Nel 2006 ha costruito l'edificio dell'Istituto Italiano di Cultura di Tokyo e nel 2011 ha restaurato il Palazzo Branciforte di Palermo.

☐ Nel 1964 è arrivata a Trieste da Firenze, dove ha diretto l'Osservatorio Astronomico fino al 1987.

 B. Osserva le forme verbali utilizzate nei testi e completa il seguente quadro degli ausiliari.

C. Adesso rileggi i testi e individua i marcatori temporali.

con **essere**:
nascere, laurearsi ....
....

con **avere**:
frequentare, abitare ....
....

Il nostro progetto

Il compitino: insieme a dei compagni pensa a un personaggio che si è distinto in un ambito particolare e scrivete una breve biografia.

3. LA MIA VITA

 A. Insieme a un compagno scrivi i verbi che vi servono per parlare della vita di una persona. Potete usare uno schema come questo.

 B. Racconta le tappe più importanti della tua vita (nascita, infanzia, studi...) e usa dei marcatori temporali tipo quelli dell'attività 2A.

• Sono nato nel 1980, ho abitato a New York per tre anni...

4. NON SAI O NON PUOI?

 A. Leggi la conversazione di questi due ragazzi: sono adatti per il lavoro dell'annuncio? Parlane con un compagno. Poi completa il testo.

NASCERE
SONO NATO

VITA

ANIMATORE / ANIMATRICE CON ESPERIENZA

DESCRIZIONE OFFERTA 0305-1644

Lavoro stagionale (da aprile a ottobre) in villaggio vacanze

Cerchiamo persone responsabili e creative e con disponibilità a viaggiare. Indispensabili lingue: italiano, inglese e tedesco. Inviare il curriculum a curriculum@valtur.it

---

Claudio e Bianca *possono* mandare il curriculum.
Bianca .... organizzare attività per bambini.
Bianca .... lavorare anche con gli adulti.
Claudio e Bianca .... l'inglese.
Claudio .... comunicare in tedesco.

B. E tu, cosa sai e puoi fare? Scrivi tre frasi vere e tre false e poi leggile ai tuoi compagni, che devono indovinare quali sono quelle vere.

Claudio: Hai visto l'annuncio della Valtur? Che ne pensi? Mi sa che possiamo mandare il curriculum.

Bianca: Sì, ho appena letto l'annuncio... ma io non ho tante speranze... ☹

Claudio: Ma se hai già lavorato come animatrice con i bambini! E sei anche brava!

Bianca: Sì, so organizzare attività per bambini, ma non so se posso farlo con gli adulti.

Claudio: Ma certo che puoi lavorare anche con gli adulti... non sono così diversi! E poi sei creativa, responsabile ed estroversa, puoi adattarti velocemente.

Bianca: Tu sì che hai tanta esperienza come animatore!

Claudio: Sì, è vero, però ho lavorato sulle navi da crociera, e mai in un villaggio turistico.

Bianca: Beh, comunque so l'inglese e il tedesco 😊

Claudio: L'inglese non mi spaventa, ma il tedesco 😳 ... però posso comunicare senza problemi.

1. LA SCUOLA ITALIANA

A. Leggi questi testi e poi indica a quale fascia d'età corrisponde ogni ciclo di studi.

1 La scuola elementare o primaria è il primo livello dell'istruzione obbligatoria e dura 5 anni.

2 La scuola secondaria di primo grado (o scuola media) dura 3 anni. È il secondo livello della scuola dell'obbligo.

3 La scuola secondaria di secondo grado (o superiore) dura 5 anni e presenta una grande offerta: ci sono i licei (classico, scientifico, ecc.), gli istituti tecnici e gli istituti professionali.

☐ da 14 a 18 anni   ☐ da 6 a 10 anni   ☐ da 11 a 13 anni

 B. Anche nel tuo paese è così? Parlane con i tuoi compagni.

2. CHE HOBBY HAI?

A. Osserva queste immagini: sai come si chiamano queste attività in italiano? Prova ad abbinare le etichette alle fotografie. Sai fare qualcuna di queste attività?

scrittura creativa

modellare l'argilla

pittura

origami

bricolage

modellismo

B. Scegli un'attività e, con l'aiuto del dizionario o di internet, trova il materiale che ti serve per praticarla.

IL PASSATO PROSSIMO

AUSILIARE *ESSERE* O *AVERE* AL PRESENTE	+	PARTICIPIO PASSATO
ho hai ha abbiamo avete hanno		studiat**o**
sono sei è siamo siete sono		andat**o**/**a** andat**i**/**e**

IL PARTICIPIO PASSATO

REGOLARE	
st**are**	st**ato**
av**ere**	av**uto**
part**ire**	part**ito**

ALCUNI PARTICIPI IRREGOLARI	
dire	detto
essere	stato
fare	fatto
leggere	letto
mettere	messo
nascere	nato
prendere	preso
rimanere	rimasto
scrivere	scritto
vedere	visto
venire	venuto
vivere	vissuto

LA SCELTA DELL'AUSILIARE

AVERE
Tutti i verbi transitivi prendono l'ausiliare *avere*.
Ho *mangiato un gelato.*
Avete *comprato il libro?*
Abbiamo *trovato Luigi.*

ESSERE
verbi riflessivi: *divertirsi, sposarsi, conoscersi...*
Ci ***siamo*** *conosciuti nel 2007.*

verbi che indicano un **cambiamento di stato:** *nascere, morire, diventare...*
Sono *nata il 20 agosto.*

verbi che indicano **stato in luogo:** *essere, stare, restare, rimanere...*
Ornella ***è*** *rimasta al mare per 3 settimane.*

verbi di movimento: *andare, entrare, tornare, venire...*
Nadia e Sabrina ***sono*** *andate in Calabria.*

 Alcuni verbi che indicano movimento vogliono l'ausiliare **avere**: *viaggiare, nuotare, sciare, passeggiare, camminare.*

AUSILIARE E PARTICIPIO PASSATO

Quando il verbo è coniugato con l'ausiliare **avere** il participio passato è invariabile:
*Lucio ha ricevut**o** un'e-mail.*
*Tiziana e Lidia hanno parlat**o** molto.*

Quando il verbo è coniugato con l'ausiliare **essere**, il participio concorda sempre con il soggetto:
*Piero è partit**o** per l'Australia.*
*Adriana è rimast**a** a Torino per 10 anni.*
*Vincenzo e Marta sono andat**i** a New York l'anno scorso.*
*Rosanna e Patrizia si sono laureat**e** in Medicina nel 2009.*

LA POSIZIONE DEGLI AVVERBI CON IL PASSATO PROSSIMO

Non ho **ancora** mangiato la paella.
Non sono **mai** stato a Rio de Janeiro.
Mi sono **già** iscritta all'università.
Ho **appena** parlato con Fabio.

SAPERE

so
sai
sa
sappiamo
sapete
sanno

I MARCATORI TEMPORALI

Nel 1975...
Negli anni '90...
L'anno scorso...
Un anno fa...
Dopo la laurea...

1. Completa queste mappe mentali pensando alle tue esperienze e alle tue abilità.

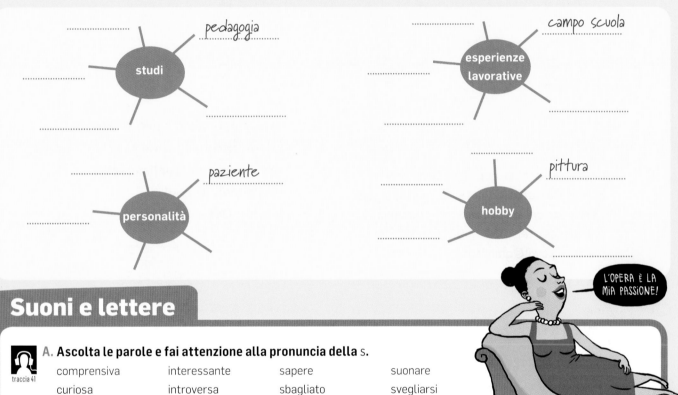

studi — pedagogia

esperienze lavorative — campo scuola

personalità — paziente

hobby — pittura

Suoni e lettere

L'OPERA È LA MIA PASSIONE!

A. Ascolta le parole e fai attenzione alla pronuncia della s.

traccia 41

comprensiva	interessante	sapere	suonare
curiosa	introversa	sbagliato	svegliarsi
francese	passione	scheda	trasferito

B. Inserisci le parole nel quadro a seconda della pronuncia della s. Poi ascolta le parole e verifica.

s sorda /s/				s sonora /z/	
s + vocale	s + consonante	consonante + s	doppia s	s + consonante	vocale + s + vocale
suonare					
				sbagliato	

C. Ascolta le parole e indica se la pronuncia della z è sorda o sonora.

traccia 42

	zia	zeta	alzarsi	pranzo	grazie	inizio	zaino	zoo	lezione	organizzare	nazionalità	pizza	zero	mozzarella
sorda	X													
sonora		X												

1. A.A.A. CERCASI

A. Leggi questi annunci e abbinali insieme a un compagno.

B. Cosa sai o puoi fare delle attività che si propongono negli annunci? Parlane con i tuoi compagni.

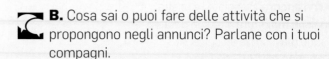

- Io posso fare la baby-sitter perché ho lavorato in un campo scuola, però non posso dare ripetizioni di matematica.
- Io invece sono molto bravo a suonare il piano...

CERCO BABY-SITTER PER I MESI DI GIUGNO, LUGLIO, AGOSTO E SETTEMBRE. OFFRO LEZIONI DI INGLESE E DI ITALIANO PER STRANIERI.. ALBA ALBA81@TISCALIT.NET

So cucinare piatti cinesi e tailandesi. Offro lezioni di cucina e cerco ripetizioni di matematica per un bambino di 10 anni. Vito tel. 041 – 7293642

Posso aiutarti in giardino! Sono molto bravo! Ho fatto un corso di giardinaggio. Cerco lezioni di piano, sono principiante! Piergiorgio tel. 334 – 9274259 piergiorgioval@gmails.it

Mi interessa la cucina orientale e vorrei sistemare il mio giardino. So suonare il piano molto bene e ho dato ripetizioni di matematica per anni. Erminia tel. 041 – 5290247

Sono una ragazza molto paziente, ho lavorato per 5 anni in una scuola materna. Cerco lezioni di inglese e italiano. Paula tel. 334 – 2013751

2. LA MIA VITA

A. Aurora è una ragazza spagnola che vive in Italia. Ascolta cosa racconta sulla sua vita e scrivi sul tuo quaderno quello che ha fatto in ognuno di questi posti.

traccia 43

1. Barcellona (1993-1998) **3.** Bruxelles (2002-2005)

2. Montpellier (1998-2002) **4.** Trieste (2005-2010)

B. Adesso pensa ai tre posti più importanti per te e spiega il perché ai tuoi compagni.

- I tre posti più importanti per me sono Ginevra, dove sono nato, Dublino, dove ho frequentato un corso d'inglese e...

3. LA BdT DELLA CLASSE!

A. A gruppi. Avete mai sentito parlare della Banca del Tempo? Sapete cos'è? Aiutatevi con gli enunciati.

Il nostro progetto

aiuto fra le persone

associazione di volontariato

libretto di assegni di tempo

offrire servizi da scambiare

scambio di tempo

non soldi ma tempo

B. A coppie. Leggete il testo e dite se le Bdt vi sembrano una buona idea.

Le Banche del Tempo (Bdt) in Italia sono nate negli anni '90, sono delle associazioni locali che permettono alle persone di scambiare il proprio tempo e le proprie competenze senza usare i soldi. Ogni socio ha un conto corrente e un libretto degli assegni di tempo, non di soldi. Questo permette di ottenere un servizio in cambio di un altro: io do un'ora del mio tempo a te e tu dai un'ora del tuo tempo a me. Ad esempio è possibile scambiare un'ora di giardinaggio o di lezioni di cucina con un'ora di baby-sitting o di ripetizioni di inglese.

C. Adesso fai un piccolo bilancio delle tue competenze: pensa a quello che sai, che sai fare e che puoi fare. Poi scrivi un piccolo annuncio per offrire uno o più servizi e appendilo in bacheca.

D. Tra i servizi offerti dai tuoi compagni, quale ti interessa di più? Parla con il tuo compagno e cerca di metterti d'accordo per lo scambio.

David – Lezioni di pasticceria

Offro lezioni di pasticceria per preparare torte, biscotti e pasticcini.
Mio padre ha una pasticceria e ho imparato a cucinare nel suo laboratorio.
Ho organizzato brevi corsi per bambini e dei laboratori per un'associazione culturale.
Sono molto paziente e creativo.

Disponibilità: giovedì e venerdì pomeriggio dalle 17 alle 19.

Il volontariato in Italia

Secondo l'ultimo studio di Eurispes, in Italia ci sono circa cinque milioni di volontari di tutte le età. Lavorano sia sul territorio italiano che all'estero.

I CLOWN DOTTORI

La Federazione Ridere per Vivere opera attraverso la figura del Clown Dottore e del Volontario del Sorriso. Normalmente lavorano negli ospedali con i bambini e gli anziani e nelle situazioni di disagio socio-sanitario. Presentiamo due esperienze di due volontari del Sorriso.

ANNALISA

Come hai conosciuto l'associazione?
Ho visto un programma in televisione e poi ho cercato il loro sito internet, e così ho scritto una mail per avere informazioni.

Cosa hai dovuto fare per diventare Volontaria del Sorriso?
Ho fatto un corso di formazione che è durato cinque fine settimana, in totale 72 ore, in cui ho studiato un po' di psicologia e ho imparato a lavorare in gruppo, insieme agli altri volontari.

E come è stata l'esperienza?
Bellissima, e lo è sempre, per ogni giorno che passo con i bambini e i loro genitori.

GIOVANNI

Come sei arrivato ai Volontari del Sorriso?
Io studio psicologia e sono portato per lavorare con i bambini. All'università ho trovato un annuncio per i Volontari del Sorriso e ho chiamato.

Quando lavori in ospedale?
Generalmente lavoro durante il fine settimana. All'inizio facevo solo il sabato o la domenica, invece adesso vado anche il mercoledì sera.

Di solito cosa fate quando state con i bambini?
Lavoriamo in gruppi di tre o cinque persone e ognuno di noi sa fare cose differenti. Io posso fare diverse attività: giochi, spettacoli con i burattini... Sono molto bravo a raccontare storie e a far ridere i bambini.

LIPU
Lega italiana per la protezione uccelli

1 La LIPU, creata nel 1965, è una delle associazioni ambientaliste italiane più antiche. Ha circa 42.000 sostenitori e una rete di Oasi LIPU, che si articola in 30 strutture distribuite sul territorio nazionale, e di Centri Recupero Fauna Selvatica LIPU composti da 12 strutture. Insieme a WWF
5 e Legambiente, è una delle maggiori associazioni ambientaliste e promuove il volontariato tra gli amanti della natura e, in particolare, degli uccelli.

www.lipu.it

EMERGENCY

1 È un'associazione umanitaria fondata a Milano nel 1994 per portare aiuto alle vittime di guerre e povertà. Costruisce ospedali e centri sanitari dove offre cure completamente
5 gratuite e di alta qualità. In Italia sono attivi circa 4000 volontari, impegnati nella diffusione di una cultura di pace e nella promozione delle iniziative dell'associazione. Negli interventi umanitari all'estero,
10 Emergency non utilizza volontari ma figure professionali specifiche come medici e infermieri, ingegneri e geometri.

www.emergency.it

MANI TESE
Campi di lavoro e studio

1 Mani Tese è un'Organizzazione Non Governativa nata nel 1964 per combattere la fame e gli squilibri tra Nord e Sud attraverso progetti di cooperazione in 17 paesi e attività
5 di sensibilizzazione. Mani Tese opera in Italia attraverso l'azione dei Volontari che mettono a disposizione il proprio tempo, le proprie capacità e le proprie competenze per sensibilizzare e agire contro le cause
10 della fame e della povertà e promuovere stili di vita e di consumo sostenibili. Dal 1968, organizza campi estivi di lavoro e di studio, aperti principalmente ai giovani dai 18 ai 30 anni, ma anche ad adolescenti e famiglie.

www.manitese.it

manitese*
UN IMPEGNO DI GIUSTIZIA

1. Quali sono le associazioni più famose nel tuo paese? Scegline una che conosci bene e presentala ai tuoi compagni.

2. Hai mai fatto del volontariato? Racconta la tua esperienza ai tuoi compagni.

8

BUON APPETITO!

Il nostro progetto

Creare un menù equilibrato per i nostri compagni di classe tenendo conto dei gusti di ognuno.

STRUMENTI PER IL NOSTRO PROGETTO:

I temi: le abitudini alimentari; la gastronomia e l'alimentazione; la dieta mediterranea; gli italiani a tavola; prodotti tipici italiani.

Le risorse linguistiche: gli articoli partitivi; la forma impersonale; **bisogna** + infinito; l'imperativo diretto; il pronome **ne**.

Le competenze:

reperire informazioni in testi informativi; comprendere testi come liste della spesa, menù e listini prezzi.

comprendere le informazioni principali di un'intervista; comprendere conversazioni tra clienti e cameriere in un bar o ristorante.

parlare delle proprie abitutini alimentari; descrivere un piatto tipico.

informarsi sulle abitudini alimentari dei compagni; dare consigli per una sana alimentazione; fare ipotesi.

scrivere un testo sulle abitudini alimentari del proprio paese e regione.

PANE E VINO

A. Quali oggetti riconosci in questo quadro?

B. Ecco alcuni prodotti tipici italiani: ne hai assaggiato qualcuno? Ti è piaciuto?

- ◯ il parmigiano
- ◯ la mortadella
- ◯ lo speck
- ◯ il radicchio
- ◯ la grappa
- ◯ il mascarpone
- ◯ la mozzarella
- ◯ il Chianti

Gino Severini (1883 – 1966), *Natura morta con brocca marrone*, 1920

1. GLI ITALIANI A TAVOLA

 A. Leggi questo testo sulle abitudini alimentari degli italiani e completa il quadro.

COSA METTONO IN TAVOLA GLI ITALIANI?

La dieta degli italiani è piuttosto sana e variata, sia a pranzo che a cena non mancano mai frutta, verdura e pane.

In Italia si pranza tra mezzogiorno e mezza e le due e mezza e la pasta è sulla tavola quattro volte alla settimana. La carne è presente tre pranzi su sette e invece il pesce, il riso e il dolce solo due pranzi alla settimana.

La cena (tra le sette e mezza e le nove) non è tanto differente dal pranzo, ma normalmente è molto più leggera. In genere, si mangia la pasta a pranzo e non a cena. Solo alcuni italiani la mangiano due volte al giorno.

L'acqua è la bevanda preferita e il vino è presente meno di tre pranzi e tre cene su sette. Le bibite gassate, come l'aranciata, la limonata e la Coca-Cola si consumano meno di

due volte alla settimana e la birra solo una volta.

A metà mattina o a metà pomeriggio, molta gente fa uno spuntino: della frutta, uno yogurt, dei crackers o un cornetto. I bambini fanno merenda con il classico pane e nutella o con

una merendina e bevono un succo di frutta o un po' di latte.

In Italia a colazione si mangia molto poco: un caffellatte e due o tre biscotti. La maggioranza degli italiani preferisce prendere un caffè o un cappuccino, magari in piedi, al bar.

pasti	orario	alimenti
colazione		*caffè, cappuccino*
spuntino		
pranzo		
merenda		
cena		

B. Parla con un compagno delle vostre abitudini alimentari e poi completa la scheda con le sue informazioni. → ESERCIZI

- A che ora pranzi?
- Di solito pranzo verso l'una e mezza.
- E che cosa mangi a cena?
- A cena mangio poco: una minestra o un po' di verdura.

 Il nostro progetto

Il compitino: scrivi un testo sulle abitudini alimentari del tuo paese o regione.

Nel mio paese quasi nessuno fa colazione a casa. Di solito si pranza all'una e poche persone fanno merenda...

2. LA DIETA MEDITERRANEA COME STILE DI VITA

 A. Hai un'alimentazione equilibrata? Per scoprirlo fai questo test.

Il test della dieta mediterranea

1. Ogni giorno bevo...
a) una bibita gassata.
b) due caffè.
c) quasi 2 litri di acqua.

2. Mangio frutta...
a) quasi mai.
b) quasi tutti i giorni.
c) tutti i giorni, in diversi momenti.

3. La verdura...
a) la mangio 3 o 4 volte alla settimana.
b) non mi piace per niente!
c) non può mancare né a pranzo né a cena.

4. Secondo piatto per me significa...
a) una bella bistecca al sangue!
b) carne, bianca o rossa.
c) varietà: pesce, uova, carne bianca...

5. Il latte...
a) non bevo latte, a colazione solo un caffè nero.
b) lo bevo totalmente scremato ogni tanto.
c) lo alterno con lo yogurt.

6. Se dico formaggio penso a...
a) formaggi stagionati! Gli altri non hanno sapore.
b) niente! Non mi piacciono!
c) al parmigiano! Ma mi piace anche variare.

7. Carboidrati...
a) no grazie!
b) solo quando faccio sport, 2 o 3 volte alla settimana.
c) tutti i giorni, soprattutto la mattina.

La piramide alimentare ci aiuta ad avere un'alimentazione sana ed equilibrata.

RISULTATI

Maggioranza A:
Attenzione! La tua dieta non è equilibrata, consumi troppi alimenti calorici e che contengono colesterolo. Elimina gli zuccheri e i grassi e mangia più frutta, verdura e pesce. Ricorda: l'acqua è la bevanda migliore per idratarsi.

Maggioranza B:
La tua dieta è abbastanza variata ma puoi migliorarla. La frutta, la verdura e i carboidrati vanno consumati tutti i giorni e ricorda che le proteine non si trovano solo nella carne.

Maggioranza C:
Complimenti! Hai un'alimentazione sana e variata, povera di grassi e ricca di vitamine e sali minerali. Ogni tanto, però, è bene concedersi un capriccio!

traccia 44
B. Adesso ascolta l'intervista della dottoressa Lattuga che parla dell'alimentazione sana e della dieta mediterranea. La tua alimentazione è molto differente?

1. IL BUONGIORNO SI VEDE DALLA COLAZIONE

 A. Leggi questi consigli per una colazione sana ed equilibrata e completa il quadro. Poi prova a ricostruire la regola.

1 TEMPO
La mattina si devono fare le cose con tranquillità, bisogna trovare il tempo per una buona colazione: non correre, mangia con calma!

2 ENERGIA
La colazione è il pasto più importante della giornata, si devono assumere carboidrati e vitamine. Non dimenticare la frutta!

3 VARIETÀ
Frutta, latte, cereali, pane, yogurt... segui una dieta variata anche a colazione!

4 GUSTO E SAPORE
Si devono scegliere alimenti sani e nutrienti ma bisogna anche soddisfare il gusto: l'importante è l'equilibrio.

5 CALORE
Appena svegli si deve bere una bevanda calda per attivare il corpo. Prendi il caffè d'orzo, è un'alternativa sana e gustosa al caffè o al tè.

bisogna *trovare il tempo*	bisogna + infinito
....	.... + infinito
si deve	
	.... + infinito + plurale
si devono *fare le cose con tranquillità*	
....	

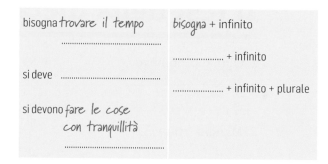

UN BUONGIORNO CON **nutella**

FA PIÙ **BUONA** LA **VITA**

www.nutella.it

 B. Come deve essere una colazione sana? Parlane con i tuoi compagni. Poi ascolta la seconda parte dell'intervista alla dottoressa Lattuga e appunta su un foglio quello su cui sei d'accordo.

traccia 45

- • *Secondo me a colazione bisogna bere una spremuta d'arancia.*
- □ *Invece secondo me si devono mangiare carboidrati: cereali, biscotti...*

 C. Osserva nuovamente i consigli del punto A e completa il quadro con le forme dell'imperativo.

IMPERATIVO AFFERMATIVO	IMPERATIVO NEGATIVO
mangia con calma	non *dimenticare* la frutta
.... il caffè d'orzo	non ....
.... una dieta variata	

D. Adesso chiedi a un tuo compagno quali sono le sue abitudini alimentari e dagli dei consigli.

- • *La carne, la mangi?*
- □ *Sì, la mangio quasi ogni giorno.*
- • *Non mangiarla / Non la mangiare così spesso. E di pesce ne mangi?*
- □ *No, non ne mangio mai.*
- • *Allora mangiane più spesso.*

2. TI VA UN APERITIVO?

A. Leggi queste frasi e indica quali dice il cameriere di un bar (C) e quali i clienti (CL). Poi ascolta il dialogo e verifica.

traccia 46

	C	CL
Cosa prendete?		
Ecco a Lei lo scontrino e il resto.		
Noi prendiamo uno spritz.		
Offro io!		
Sono 12 euro e 75 centesimi.		
E per Lei?		
Per me un succo di frutta all'ananas, grazie.		
Il conto per favore.		

© Davide Campari-Milano S.p.A 2004

B. Nel listino non ci sono tutti i prezzi. Sai dire quanto costano i prodotti senza prezzo?

- Quanto costa il caffè?
- Mah... costerà 1 €.
- E il succo di frutta?
- Non ne ho idea!

C. Di solito vai al bar? Cosa prendi generalmente?

BAR NICO

Caffè		Succo di frutta (pera, pesca, albicocca, ananas...)	€ 1,80
Caffè decaffeinato, di orzo	€ 1,00	Spritz	
Caffè corretto	€ 1,20	Prosecco	€ 2,00
Cappuccino o latte macchiato		Grappa	€ 2,00
Latte	€ 1,00	Cornetto vuoto	
Tè e infusi		Cornetto farcito (cioccolata, crema, marmellata, miele)	
Caffè shakerato			
Spremuta d'arancia o di pompelmo		Tramezzini	€ 1,80
Acqua minerale naturale o frizzante (50 cl.)		Pizza a tranci	

PAROLE UTILI

spremuta   cornetto   tramezzino   prosecco   cappuccino   succo di frutta

3. LA LISTA DELLA SPESA

traccia 47

A. Aiuta Marco e Isabella a fare la lista della spesa. Ascolta il dialogo e indica quali alimenti nominano.

B. Adesso completa il quadro con i prodotti che corrispondono a questi contenitori e quantità. Sai aggiungere anche degli altri prodotti?

grammi	pancetta, ...	pacchetto	caffè, ...
etti	prosciutto, ...	lattina	....
chili	....	barattolo	....
litri	....	pacco	....
confezione	....	bottiglia	vino, ...

SUPERMERCATO
2 LITRI DI LATTE
4 LATTINE DI BIRRA
2 PACCHETTI DI CAFFÈ
1 BARATTOLO DI MIELE
1 BOTTIGLIA DI PROSECCO
1 PACCO DI SPAGHETTI
1 CONFEZIONE DA 6 UOVA

ALIMENTARI
2 MOZZARELLE
OLIVE NERE
3 ETTI DI PROSCIUTTO CRUDO

FRUTTIVENDOLO
MELANZANE
FRAGOLE
BANANE
1 CIUFFO DI LATTUGA
MEZZO CHILO DI POMODORI

MACELLERIA
200 GR DI GUANCIALE
6 SALSICCE

FORNAIO
PANE CASERECCIO
GRISSINI

4. UN PO' DI SPESA

Osserva questi dialoghi e completa il quadro sul tuo quaderno.

Prego mi dica.

Vorrei del guanciale.

Quanto ne vuole?

300 gr. E poi anche sei salsicce e della carne macinata.

Mezzo chilo di pane casereccio, per favore.

Ecco qua. Desidera qualcos'altro?

Sì, dei grissini per favore.

QUANTITÀ DETERMINATA	QUANTITÀ NON DETERMINATA
mezzo chilo di pane	dei grissini
....	....
....	....
....	....

1. LA FRUTTA DOVE LA COMPRI?

A. Ecco alcuni negozi dove è possibile fare la spesa in Italia. Indica quali prodotti si possono comprare in ciascuno.

B. Con l'aiuto del dizionario, cita altri prodotti che si possono comprare in questi negozi.

pasta

yogurt

latte

vino

frutta

verdura

carne

pesce

formaggio

pane

biscotti

salumi

ALIMENTARI

FRUTTIVENDOLO

SUPERMERCATO

FORNAIO

MERCATO

2. UN CAFFÈ RISTRETTO MACCHIATO CALDO!

Il caffè in Italia è un rito e... un'arte! Gli italiani prendono il caffè in tanti modi differenti, abbina le immagini alle descrizioni corrispondenti.

CAFFÈ CORRETTO

CAPPUCCINO

LATTE MACCHIATO

CAFFÈ LUNGO

CAFFÈ MACCHIATO

CAFFÈ RISTRETTO

1. Caffè espresso con più acqua. Il sapore è **meno intenso** ma contiene più caffeina.

2. Caffè espresso con latte e **schiuma**.

3. Caffè espresso con una grande quantità di **latte caldo con schiuma**.

4. Caffè espresso con una **piccola quantità di latte** (caldo o freddo).

5. Caffè espresso con un po' di **grappa** (o un altro liquore).

6. Caffè espresso con **poca acqua**. Ha un sapore molto intenso ma contiene meno caffeina.

LA FORMA IMPERSONALE

In Italia **si pranza** tra l'una e le due e **si cena** verso le otto, generalmente **si mangia** pasta e **si bevono** acqua e vino.

ESPRIMERE OBBLIGO

Bisogna + infinito (+ plurale)
Bisogna bere molto latte per crescere.
Bisogna mangiare 5 porzioni di frutta al giorno.
Si deve + infinito
Si deve mangiare poca carne.
Si devono + infinito + plurale
Si devono mangiare i legumi.

PER FARE IPOTESI SUL PREZZO

Il succo di frutta **costerà** 2 € e i panini **costeranno** 3 €.

PREPOSIZIONE DA

Da noi = a casa nostra / nel mio paese
Da Beppe = a casa di / nel ristorante di Beppe
Dal fornaio = nel negozio del fornaio

IL NE PARTITIVO

● Quanto **parmigiano** vuole?
◆ **Ne** vorrei 500 grammi.

● Non c'è **vino**... **ne** compro 4 bottiglie?

IMPERATIVO

		AFFERMATIVO		NEGATIVO	
tu	-are	Mangi**a** più verdura!	-are	**Non mangiare** tanti dolci!
	-ere	Prend**i** una tisana!	-ere	**Non prendere** troppi caffè!
	-ire	Segu**i** una dieta sana!	-ire	**Non seguire** diete solo proteiche!
voi	-are	Mangi**ate** più verdura!	-are	Non mangi**ate** tanti dolci!
	-ere	Prend**ete** una tisana!	-ere	Non prend**ete** troppi caffè!
	-ire	Segu**ite** una dieta sana!	-ire	Non segu**ite** diete solo proteiche!

👁 L'imperativo di **bere** si forma dall'antico verbo **bevere**: bevi / bevete.

IMPERATIVO CON I PRONOMI

● Compro un po' di carne?
◆ Sì, però compra**la** in macelleria!

● Quanti pomodori compro?
◆ Compra**ne** 2 chili.

● Il pesce non è fresco, non **lo** mangiare / non mangiar**lo**!

◆ Abbiamo 2 confezioni di uova, non **ne** comprare / non comprar**ne** più!

PESI E MISURE

100 **grammi** = **un etto**
200 **grammi** = **due etti**
1/2 **chilo**
1 **chilo**

mezza dozzina = 6 unità

una dozzina = 12 unità

1/4 di **litro**
1/2 **litro**
1 **litro**

ARTICOLI PARTITIVI

CON UN SOSTANTIVO SINGOLARE NON NUMERABILE	CON UN SOSTANTIVO PLURALE
del latte	**dei** grissini
dello zucchero/yogurt	**degli** spaghetti/asparagi
dell'acqua	**delle** arance/salsicce
della marmellata	

PER ENFATIZZARE UN ELEMENTO

Mangi pesce?
Di pesce, **ne** mangi?

Mangi la frutta?
La frutta, **la** mangi?

I NOMI COLLETTIVI

La maggioranza / **la maggior parte** degli italiani mangia pasta a pranzo.

GLI INDEFINITI

Qualche persona mangia pasta la sera.
Alcuni (italiani) / **Alcune** (persone) non fanno colazione.
Compra **un po'** di mele / **un po'** di prosciutto.
(Quasi) **tutti** gli italiani / **tutte** le italiane mangiano pasta a pranzo.
(Quasi) **nessuno** beve il tè a colazione.

---

1. Quali sono gli ingredienti del tuo piatto preferito?

2. Scrivi alcuni consigli per un'alimentazione sana.

bisogna mangiare molta frutta,

3. Completa le mappe mentali secondo i tuoi gusti.

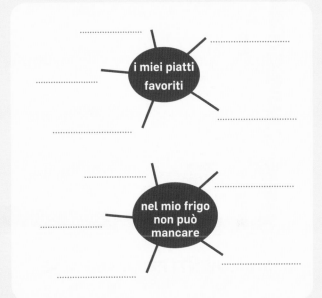

i miei piatti favoriti

nel mio frigo non può mancare

Suoni e lettere

UN BEL PROSECCO PER BRINDARE!

traccia 48

A. Ascolta le parole. Per ogni coppia indica se senti la parola con il suono doppio o semplice.

1. ecco / eco
2. cade / cadde
3. pala / palla
4. cammino / camino
5. nonno / nono

6. coppia / copia
7. caro / carro
8. rosa / rossa
9. note / notte
10. beve / bevve

traccia 49

B. Ascolta le parole e scrivile. Fai attenzione alle doppie.

C. Cerca nell'unità cinque parole con consonanti doppie e dettale al tuo compagno.

1. IL CONTO PER FAVORE!

Ascolta questo dialogo in un ristorante. Poi scrivi cosa ordinano i clienti e segna cosa manca in tavola.

traccia 50

TAVOLO N°: 12
risotto ai funghi

Trattoria da Beppe

ANTIPASTI

Bruschetta	4 €
Affettati misti	7 €
Insalata di mare	8 €

PRIMI PIATTI

Lasagne al forno	7 €
Risotto ai funghi	8 €
Gnocchi al ragù	8 €
Spaghetti alle vongole	10 €
Tortellini in brodo	7 €

SECONDI PIATTI

Cotoletta alla milanese	9 €
Saltimbocca alla romana	9 €
Sogliola alla mugnaia	11 €
Pesce spada al forno	12 €
Parmigiana	7 €

CONTORNI

Spinaci al burro	4 €
Carote lesse	3 €
Patate arrosto	4 €
Patate fritte	4 €
Carciofi al limone	4 €
Insalata mista	3 €

BEVANDE

Vino bianco	4 €
Vino rosso	4 €
Vino rosato	4 €
Acqua naturale	2 €
Acqua frizzante	2 €
Bibite (aranciata, limonata, cedrata, chinotto...)	3 €

DOLCI

Crostata alla frutta	3 €
Panna cotta	4 €
Tiramisù	4 €
Gelato al cioccolato	4 €
Macedonia	3 €

PAROLE UTILI

il calice · la forchetta
il bicchiere · il coltello
il tovagliolo · il piatto
il cucchiaio

2. INGREDIENTI PER 4 PERSONE

A. Insieme a un compagno, leggi questi ingredienti e abbinali al piatto corrispondente.

1
• 4 melanzane grandi
• 300 gr di mozzarella
• 700 gr di polpa di pomodoro in scatola oppure fresca
• 2 spicchi d'aglio
• 4 foglie di basilico
• 100 gr di parmigiano grattugiato
• 5 cucchiai d'olio d'oliva

2
• 50 gr di basilico
• ½ bicchiere di olio extra vergine d'oliva
• parmigiano grattugiato
• 2 spicchi d'aglio
• 1 cucchiaio di pinoli

3
• 500 g di mascarpone
• 4 uova · 400 g di savoiardi
• 120 g di zucchero
• cacao amaro in polvere
• 6 tazze di caffè della moka

Pesto

Tiramisù

Parmigiana

B. Dai al tuo compagno gli ingredienti di un piatto tipico del tuo paese o regione.

• Il cassoulet è un piatto tipico francese. Si fa con la carne, i fagioli, la cipolla, le carote.

3. IL PRANZO È SERVITO!

Il nostro progetto

A. A gruppi. Dovete preparare un menù per festeggiare la fine del corso. Il primo gruppo propone tre primi piatti, il secondo tre secondi piatti e il terzo tre dolci.

Menù di Fine Corso

Primi piatti

• SPAGHETTI POMODORO E BASILICO
• RISOTTO AI FUNGHI

Secondi piatti

• PARMIGIANA DI MELANZANE
• SALMONE AL FORNO

Dolci

• TIRAMISÙ
• TORTA AL CIOCCOLATO

Bevande

• ACQUA MINERALE
• COCA-COLA
• ARANCIATA
• SUCCHI DI FRUTTA
• BIRRA
• VINO

B. Ogni gruppo presenta la sua proposta, poi tutti insieme decidete il menù di fine corso, con due primi, due secondi e due dolci. Il menù deve essere equilibrato e adatto a tutti. Scegliete anche le bevande.

strategie

Quando si lavora in gruppo è importante stabilire chiaramente il lavoro di ognuno per non perdere tempo.

• Noi abbiamo pensato a questi primi piatti: gnocchi ai 4 formaggi, spaghetti pomodoro e basilico e maccheroni al ragù.
□ A me non piace il formaggio...
• Io sono vegetariano!

C. Ogni gruppo scrive gli ingredienti e le quantità di cui ha bisogno per preparare la parte del menù che gli tocca.

1 pacco di spaghetti
1 barattolo di pomodori pelati
1 spicchio d'aglio
del basilico

L'arte di mangiar bene

1 Se per l'unità politica dell'Italia ricordiamo nomi come Cavour, Garibaldi o Mazzini, per quella gastronomica non possiamo non pensare a Pellegrino Artusi (Forlimpopoli,
5 Cesena-Forlì 1820 – Firenze 1911). Appassionato di letteratura e di gastronomia, è autore del libro che ha contribuito a unire gli italiani... a tavola! *La Scienza in cucina e l'Arte di mangiar bene* raccoglie, infatti, 790 ricette di tutta Italia,
10 tutte "scientificamente testate". Ma non solo. L' Artusi arricchisce il suo speciale ricettario con suggerimenti, consigli per una sana alimentazione, norme d'igiene e indicazioni per chi ha problemi di stomaco. Scritto con
15 un italiano semplice e pulito, questo classico della letteratura italiana, dopo una prima edizione con poco successo, diventa uno dei libri più letti dagli italiani, insieme ai *Promessi Sposi* di Alessandro Manzoni e a *Pinocchio* di
20 Carlo Collodi.
Dal 1997 il comune di Forlimpopoli, paese natale dell'Artusi, celebra in suo onore la "Festa Artusiana", una manifestazione dedicata al cibo in tutti i sensi: gastronomia,
25 cultura, spettacolo. Dal 2007 è anche attiva "Casa Artusi", sempre a Forlimpopoli: un centro di cultura gastronomica dedicato alla cucina domestica italiana.
www.casartusi.it

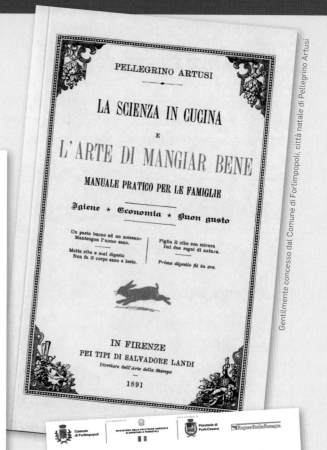

1. In Italia, insieme ai piatti "nazionali", convivono tante e diverse tradizioni gastronomiche. Anche nel tuo paese è così? Parlane con i tuoi compagni.

Pasta...
Che passione!

1 In Italia la pasta è la vera regina della
tavola, ma non solo. Per gli italiani non
è solamente un alimento o un piatto,
è un elemento culturale molto forte e
5 presente, con differenze e varianti, in
tutte le regioni; è una tradizione viva che
ha ispirato varie opere letterarie, teatrali e
cinematografiche.
Ogni regione, o addirittura ogni città,
10 ha i suoi tipi di pasta; le varietà sono
numerosissime e neanche gli italiani le
conoscono tutte. Esiste la pasta lunga
(spaghetti, linguine...), la pasta corta
(maccheroni, penne, fusilli...), la pasta
15 all'uovo (tagliatelle, pappardelle...), la
pasta ripiena (tortellini, ravioli...). Esistono
inoltre tantissime forme (farfalle,
conchiglie, fiori, lumache), colori (nero,
rosso, arancione, verde...) e differenti
20 produzioni (industriale, artigianale o fatta
in casa). I diversi formati sono frutto della
fantasia degli italiani ma hanno anche
una funzione: ogni sugo ha la sua pasta.
Ad esempio, le linguine e le trofie sono
25 perfette per il pesto; gli spaghetti per la
carbonara; le tagliatelle per il ragù; le
penne per la puttanesca; gli gnocchi per
la salsa ai 4 formaggi... E poi c'è la cottura,
un dettaglio fondamentale: la pasta va
30 servita al dente!

la pasta del buon appetito

Barilla

casa fondata a Parma nel 1877 per la produzione delle paste alimentari

erberto carboni

La Pasta del Buon Appetito (Erberto Carboni 1954), Archivio Storico Barilla, Parma (Italia)

Barilla

Pasta sul Pentagramma (Giuseppe Venturini 1938), Archivio Storico Barilla, Parma (Italia)

2. Anche nel tuo paese si mangia la pasta? E
l'alimento più diffuso qual è? Prepara un breve
testo per presentarlo ai tuoi compagni.

Produzione scritta

	nome della prova	parti della prova	tipologia di esercizi	durata	punteggio
CILS	Produzione scritta	2	• scrivere un testo di 20 – 40 parole • scrivere un testo di 15 – 30 parole	30 minuti	12
CELI	Prova di Produzione di testi scritti	2	• completare un testo con le parole mancanti • scrivere un testo di 15 – 20 parole	1 ora 15 minuti: (scritto + lettura)	8
PLIDA	Scrivere	2	• scrivere dei dialoghi a partire da vignette, fotografie, disegni, circa 50 parole • scrivere un testo informativo o descrittivo di 35 parole	10 minuti	30

Suggerimenti e consigli per la prova

- Prima di tutto leggi attentamente quello che ti chiede l'esercizio e pensa a cosa vuoi dire.

- Cerca di controllare il tempo in modo da avere qualche minuto alla fine per poter rileggere.

- Se scrivi una cartolina, una lettera, un'email, ricordati di mettere le formule per salutare: all'inizio (caro/a + nome + virgola) e alla fine (baci, un abbraccio, a presto...). Rispetta sempre la scelta iniziale, se dai del tu, del Lei, se usi verbi al presente, al passato...

- Nessuno ti obbliga a dire la verità, puoi inventare le storie che vuoi.

All'estero, l'esame CILS prevede anche la prova di competenza grammaticale.

	nome della prova	parti della prova	tipologia di esercizi	durata	punteggio
CILS	Analisi delle strutture di comunicazione	3	• Completare un testo con forme grammaticali suggerite nelle istruzioni dell'esercizio. • Completare un testo con il lessico mancante scegliendo fra le tre possibilità proposte.	30 minuti	12

Suggerimenti e consigli per la prova

- Prima di tutto leggi attentamente il testo e cerca di capire il significato. Poi nella seconda lettura completa il testo inserendo le parti mancanti.

- Se la forma mancante non ti viene in mente subito, non perdere tempo. Completa il testo e poi riprendi le parti su cui hai dei dubbi.

ESERCIZIO 1

Osserva le seguenti vignette: cosa è successo a queste persone? Scrivi circa 50 parole.

ESERCIZIO 2

Descrivi un tuo vicino di casa. Devi scrivere da 20 a 40 parole.

ESERCIZIO 3

Scrivi un'e-mail a un tuo amico per raccontargli come sono andate le tue vacanze. Scrivi circa 35 parole.

A :
Oggetto :
INVIA SALVA COME BOZZA ANNULLA   ALLEGA FILE

ESERCIZIO 4

Completa il testo con le forme corrette dell'ausiliare (**essere** o **avere**).

.... nata a Cosenza, in Calabria. .... frequentato il liceo classico nella mia città e poi nel 1997 .... andata a Milano a studiare architettura. A Milano .... diviso l'appartamento con altre ragazze fino alla laurea. Mi .... laureata e .... chiesto una borsa di studio per andare a fare un master a Parigi. Quando .... arrivata a Parigi, ... conosciuto Paul e ci .... innamorati. Dopo qualche mese .... andati a vivere insieme.

ESERCIZIO 5

Completa con l'opzione corretta.

LA MATTINA DELLA SIGNORA PALADINI

Ogni *mattina*, verso le 9, la signora Paladini va a .... la spesa. Compra la carne nella .... del signor Giorgio, poi va dal fornaio e compra il .... e i grissini e infine va dal .... dove compra frutta e verdura. Alle 10 la signora Paladini ha già finito e così si trova al .... con la sua amica Rina. A lei piace il caffè molto forte e quindi prende un .... ma la sua amica non può bere il caffè e quindi prende un ....

0.	a) sera	b) mattina	c) pomeriggio
1.	a) comprare	b) chiedere	c) fare
2.	a) pescivendolo	b) macelleria	c) libreria
3.	a) pane	b) vino	c) pesce
4.	a) tabaccaio	b) fruttivendolo	c) macellaio
5.	a) ristorante	b) panificio	c) bar
6.	a) macchiato	b) decaffeinato	c) ristretto
7.	a) corretto	b) succo	c) espresso

Autovalutazione

1. Competenze unità 7 e 8

1. Competenze unità 7 e 8	Sono capace di...	Ho delle difficoltà a...	Non sono ancora capace di...	Esempi
parlare delle proprie competenze e abilità				
raccontare le proprie esperienze				
parlare di eventi passati				
fare un'ordinazione al bar o al ristorante				
fare acquisti in un negozio di alimentari				
parlare delle proprie abitudini alimentari				
dare consigli sull'alimentazione				
chiedere e dare informazioni su un piatto				

2. Contenuti unità 7 e 8

2. Contenuti unità 7 e 8	So e uso facilmente...	So ma non uso facilmente...	Non so ancora...
il passato prossimo			
il participio passato dei verbi regolari			
il participio passato dei verbi irregolari			
il verbo **sapere**			
i marcatori temporali: **nel 1975**, **un mese fa**...			
i nomi collettivi: **la maggior parte**...			
bisogna, **si deve**, **si devono**			
gli articoli partitivi			
l'imperativo affermativo e negativo			
il lessico del cibo, quantità e misure			

Bilancio

Come uso l'italiano	😀	🙂	😐	🙁
quando leggo				
quando ascolto				
quando parlo				
quando scrivo				
quando realizzo le attività				

La mia conoscenza attuale	😀	🙂	😐	🙁
della grammatica				
del vocabolario				
della pronuncia e dell'ortografia				
della cultura				

In questo momento, i miei punti di forza sono: ....

In questo momento le mie difficoltà sono: ....

Idee per migliorare	in classe	fuori dalla classe (a casa mia, per la strada…)
il mio vocabolario		
la mia grammatica		
la mia pronuncia e la mia ortografia		
la mia pratica della lettura		
la mia pratica dell'ascolto		
le mie produzioni orali		
le mie produzioni scritte		

Se vuoi, parlane con un compagno.

ALLEGATI

- **Gesti**

- **Feste:** Natale, Capodanno, Befana, Carnevale, Pasqua

- **Giro d'Italia:** Valle d'Aosta, Piemonte, Veneto,

  Emilia-Romagna, Toscana, Marche, Lazio, Molise, Puglia, Sicilia

- **Riepilogo grammaticale**

- **Verbi**

- **Trascrizioni audio**

Gestualità italiana

1. Gli italiani sono conosciuti nel mondo come dei gran gesticolatori e la gestualità italiana è senz'altro un aspetto culturale fondamentale per comunicare e capirsi meglio. Osserva le immagini e cerca di interpretare i gesti. Poi abbinale alle esclamazioni.

1. Hai fatto il tiramisù? Mmmmmh, che buono!

2. È tardi, andiamo?!

3. Ma che dici?!

4. Ma io che ho fatto?!? Non c'entro niente!!!

5. Oddio!!! Mi sono totalmente dimenticata...

6. Oh Santo Cielo!

7. Non ti agitare, stai calmo!

8. Ma che vuoi?!

2. Quali di questi gesti si usano anche nel tuo paese? Ci sono altri gesti tipici che usate?

Buon Natale e...

1 Il Natale in Italia è una festa molto importante, è l'occasione per riunire tutta la famiglia, anche i parenti che vivono lontani, scambiarsi regali e... mangiare!

5 I festeggiamenti cominciano il 24 sera, con il cenone della Vigilia, generalmente a base di pesce. Poi continua con il pranzo di Natale, quando gli italiani mettono in tavola la carne e prosegue con il pranzo di

10 Santo Stefano. Ovviamente non manca la pasta: lasagna, cannelloni, tortellini, ecc. e i dolci. Ogni regione ha le proprie tradizioni, ma i dolci più comuni sono il pandoro, il panettone e il torrone.

1 Un altro aspetto molto importante per il Natale italiano è il presepe, che ha una lunghissima

5 tradizione, soprattutto a Napoli. Qui, nella zona di Spaccanapoli, si possono vedere dei bellissimi presepi, opere di artisti

10 artigiani. Ma non solo. Infatti, accanto alle statuine tradizionali, si trovano delle statuine speciali: le caricature di

15 personaggi famosi (politici, sportivi, attori, ecc.).

1. Nel tuo paese si festeggia il Natale? Parla delle tue tradizioni con i compagni e l'insegnante.

curiosità

Il giornalista e scrittore Gianni Rodari ha scritto molte filastrocche sul Natale, puoi fare una ricerca su internet se le vuoi leggere. E per ascoltare le canzoni natalizie italiane, puoi cercare Bianco Natale *e* Tu scendi dalle stelle *su youtube.*

...felice anno nuovo!

1 Per salutare l'anno che finisce e dare il benvenuto
al nuovo anno, gli italiani organizzano il Veglione di
Capodanno, una cena speciale in cui si mangiano piatti
tipici come, ad esempio, lo zampone o il cotechino e le
5 lenticchie e si brinda con lo spumante. Ogni regione
ha le sue specialità ma la tradizione delle lenticchie è
diffusa in tutta Italia: dopo la mezzanotte si mangiano
le lenticchie perché portano soldi e fortuna. Un'altra
usanza importante è quella dei fuochi d'artificio: in tutte
10 le città, piccole e grandi, si sparano dei bellissimi fuochi.
Anche questo si fa per avere fortuna nel nuovo anno.

1. Quando si festeggia il nuovo anno nel tuo paese?
Cosa si fa a mezzanotte?

La Befana vien di notte con le scarpe tutte rotte

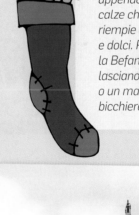

curiosità

Prima di andare a dormire i bambini appendono delle calze che la Befana riempie con giocattoli e dolci. Per ringraziare la Befana i bambini lasciano un'arancia o un mandarino e un bicchiere di vino.

1 La notte tra il 5 e il 6 gennaio nelle case degli
italiani arriva in silenzio e di nascosto la Befana,
una vecchia signora che assomiglia un po' a una
strega (vola su una scopa) e che porta regali e
5 dolci ai bambini buoni e carbone a quelli cattivi.
A Roma la tradizione della Befana è molto forte
e a piazza Navona ogni anno si organizza il
mercato di Natale e della Befana. Le bancarelle
vendono prodotti artigianali ma soprattutto dolci
10 e dolcetti per festeggiare la Befana.

1. Nel tuo paese è festa il 6 gennaio?

A carnevale ogni scherzo vale!

1 Se il Carnevale di Viareggio è
spettacolare grazie alle sfilate
dei bellissimi carri, il Carnevale
di Venezia è sicuramente il più
5 conosciuto al mondo per il fascino e
il mistero che lo caratterizza.
Da 900 anni i veneziani festeggiano
il carnevale, come testimonia un
documento del 1094 che parla di
10 "divertimenti pubblici" prima
della quaresima, e dal 1296 è festa
pubblica. Nasce come una festa
molto lunga: dalla prima domenica
di ottobre fino all'inizio della
15 quaresima. Oggi ha la durata di
circa dieci giorni e attrae visitatori
da tutto il mondo.

www.viareggio.ilcarnevale.com
www.carnevale.venezia.it

La stagion del Carnevale
tutto il Mondo fa cambiar.
Chi sta bene e chi sta male
Carnevale fa rallegrar.
[...] Qua la moglie e là il marito,
ognuno va dove gli par;
ognun corre a qualche invito,
chi a giocare e chi a ballar.

Carlo Goldoni, *Filastrocca di Carnevale*

1. Nella filastrocca di Carlo Goldoni si parla
dello spirito del carnevale. Secondo te da cosa è
caratterizzato? Parlane con i tuoi compagni.

2. In questa fotografia è raffigurato
Arlecchino, sai chi è? Fai una ricerca
sulla Commedia dell'arte italiana
con un compagno. Scegliete uno
dei personaggi e presentatelo
alla classe.

Buona Pasqua!

1 Racconta la leggenda che il tipico dolce pasquale
nasce a Pavia nell'anno 572: il Re Alboino entra
trionfale in città e gli viene offerto in dono un
dolce a forma di colomba di pace. La colomba
5 come la conosciamo viene "inventata" all'inizio
del 1900 per utilizzare gli stessi macchinari e la
stessa pasta del panettone in momenti diversi
dell'anno. La casa Motta lancia il prodotto negli
anni Trenta e il successo è immediato: la colomba
10 piace a tutti!
La colomba lombarda è il dolce pasquale conosciuto internazionalmente, ma esistono
altri dolci tipici pasquali, come la pastiera napoletana, la cassata siciliana, la fugazza
veneta o la scarcedda pugliese... tutti buonissimi!

curiosità

*Una tradizione molto viva è la scampagnata
del lunedì di Pasqua, detto "pasquetta". Se il
tempo è bello, è un'occasione per pranzare
all'aria aperta con famiglia e amici.
Nel cestino da picnic si trovano generalmente
piatti facili da mangiare all'aperto: la torta
pasqualina, il casatiello napoletano, la pizza al
formaggio, panini e salumi vari.*

Da dove viene l'uovo di Pasqua?

1 L'usanza di regalare uova di cioccolato il giorno
di Pasqua è abbastanza recente. In passato si
regalavano delle uova vere. L'uovo, infatti, è un
simbolo di rinascita e di nuova vita e, per i cristiani,
5 sinonimo di resurrezione.
Nel Medioevo si diffonde l'usanza di regalare alla
servitù uova vere e decorate. Per l'aristocrazia
si realizzano anche uova artificiali in materiali
preziosi come argento, oro e platino. Oggi non si può
10 immaginare la Pasqua senza il classico uovo con la
"sorpresa" dentro: un giocattolo o un gioiello.

1. Si festeggia la Pasqua nel tuo paese? Quali
sono le vostre tradizioni?

La Valle d'Aosta

Città: Aosta (capoluogo), Saint-Vincent, Châtillon...

Geografia: è circondata dal Monte Bianco, il Cervino, il Monte Rosa e il Gran Paradiso, tra i monti più alti d'Italia e d'Europa. Il Parco Nazionale del Gran Paradiso (Parc National du Grand-Paradis), istituito nel 1922, salvaguarda specie di flora e fauna alpina in via d'estinzione, come ad esempio gli stambecchi.

Specialità: formaggio fontina, cacciagione, fonduta, costolette alla valdostana.

Lingue: italiano e francese (lingue ufficiali), francoprovenzale (Patois valdôtain), walser (dialetto svizzero-tedesco) e piemontese.

Particolarità: è la regione più piccola e meno popolata d'Italia (con solo 128.000 abitanti) ma una delle più ricche.

www.lovevda.it

Stambecco maschio nel Parco Nazionale Gran Paradiso ↗
Alpinista sul Monte Rosa: uno spettacolo →

La "Roma delle Alpi"

Aosta è chiamata la "Roma delle Alpi" perché è la città in cui è stato ritrovato il maggior numero di reperti di epoca romana dopo Roma e Pompei. In epoca antica infatti le truppe romane conquistano il territorio dei Salassi, una popolazione di origine celtica, e fondano Augusta Prætoria Salassorum. La regione ha fatto poi parte del regno dei Franchi, dell'impero carolingio e del regno di Borgogna.

Il grande teatro romano con una capacità di 4000 persone

I castelli

I castelli in Valle d'Aosta sono particolarmente numerosi. Il castello più conosciuto è quello di Fénis, ma anche il castello di Bard e quelli di Saint-Pierre e di Issogne sono importanti. All'inizio i castelli servivano solamente per la difesa, poi sono diventati dei simboli di potenza e ricchezza.

Il famoso castello di Fénis e i suoi suggestivi dintorni

La rotta dei famosi castelli della Valle d'Aosta

Battaglia delle regine

Una delle tradizioni più amate è la proclamazione della "Mucca Valdostana regina delle corna", antica tradizione che esiste almeno dal 1600. Questo concorso, noto come Battailles des reines (battaglia delle regine), consiste in un caratteristico combattimento tra mucche gravide, che si affrontano con le corna in modo non violento fino all'abbandono del campo da parte di una delle due.

> Cllier et seren lo ten apré la piôdze
> Cé bé soleil que torne égueeyìno la Val
> I sorton le feumélle ch'achèté su la lôye,
> In precassèn de queut tant bien que mal [...] *

Poesia in patois valdôtain di André Ferré
(Saint-Vincent, 1904-1954)

* Traduzione in italiano:
Tempo chiaro e sereno dopo la pioggia / Che bel sole torna ad illuminare la valle / Le donne escono e vanno a sedersi sotto le arcate / a chiaccherare di tutti, sia bene che male [...]

Lotta tra due mucche: chissà chi vincerà...

Il Piemonte

Città: Torino (capoluogo), Cuneo, Asti, Alessandria...

Geografia: il nome Piemonte significa "ai piedi del monte" (dal latino *pedemontium*) perché è circondato dalle Alpi Occidentali e dall'Appennino Ligure. Nella regione si trovano importanti fiumi, come il Po, e laghi, come il Lago Maggiore.

Specialità: bagna càuda, bollito misto alla piemontese, zabaione, Barolo.

Lingue: l'italiano, il piemontese, l'occitano, il francoprovenzale, il francese e il walser (dialetto svizzero-tedesco).

Particolarità: è la seconda regione italiana per superficie (dopo la Sicilia).

www.piemonteitalia.eu

L'imponente Mole Antonelliana, realizzata tra il 1863 e il 1900 da Alessandro Antonelli

Il politico torinese Camillo Benso Conte di Cavour

Il Risorgimento

Il Risorgimento è il periodo in cui l'Italia conquista l'unità nazionale, cioè forma un unico stato, il Regno d'Italia (1861). Il Piemonte è il motore principale di questo processo. Tra le personalità più importanti del Risorgimento, oltre a Giuseppe Mazzini e Giuseppe Garibaldi, c'è il politico torinese Camillo Benso conte di Cavour (Torino, 1810-1861), ministro del Regno di Sardegna e primo capo del governo del neonato Regno d'Italia. Cavour muore proprio nel 1861, poco dopo la proclamazione di Vittorio Emanuele II di Savoia re d'Italia.

La partenza della spedizione dei Mille guidata da Giuseppe Garibaldi

La FIAT

La Fabbrica Italiana Automobili Torino (FIAT) viene fondata nel 1899 a Torino come casa produttrice di automobili. Gianni Agnelli (Torino, 1921–2003) diventa nel 1966 il capo dell'azienda di famiglia e porta l'impresa a un grande prestigio. Agnelli rappresenta la figura più importante dell'economia italiana della seconda metà del XX secolo ed è da alcuni considerato come un vero "Re d'Italia".

Un'originale Fiat 500 L, modello prodotto tra il 1965 e il 1975

L'originale Gianduiotto di Caffarel

Il Gianduiotto

Il Gianduiotto è famoso in tutto il mondo, è uno dei simboli di Torino esportati in ogni angolo del pianeta. Michele Prochet ha nel 1852 l'idea di produrre pasta a base di cioccolato e nocciole. Ma i "Gianduiotti" vengono messi in commercio dal suo socio Pierre Caffarel soltanto dal 1865. Proprio in quell'anno, in occasione del Carnevale, la maschera ufficiale torinese, il "Gianduia", offre per la prima volta al pubblico presente questi deliziosi cioccolatini. E così, da allora il Gianduiotto porterà il nome di "Gianduia 1865".

Considerate se questo è un uomo
Che lavora nel fango
Che non conosce pace
Che lotta per mezzo pane
Che muore per un sì o per un no [...]

Primo Levi, *Se questo è un uomo*
(Torino, 1919-1987)

La tradizionale maschera di Gianduia

Il Veneto

Città: Venezia (capoluogo), Padova, Verona, Treviso...

Geografia: è una zona geograficamente molto varia per la presenza di pianure, zone montuose (al confine con il Trentino-Alto Adige) e di colline. È bagnato a sud-est dal Mar Adriatico.

Specialità: polenta, baccalà alla vicentina, fegato alla veneziana, risi e bisi, Tiramisù, grappa.

Lingue: l'italiano, il dialetto veneto (ancora oggi parlato dalla maggioranza della popolazione), il ladino, il friulano, il tedesco e il cimbro (una lingua antica nordica).

Particolarità: con 60 milioni di presenze turistiche all'anno, è la regione più visitata d'Italia.

www.veneto.to

Padova (veduta di Prato della Valle), importante centro culturale e scientifico della Repubblica Veneziana ↗

Un tipico e suggestivo paesaggio veneto →

Veduta di Venezia del Canaletto con il Palazzo Ducale, sede del Doge

Serenissima Repubblica di Venezia

La Serenissima Repubblica di Venezia (697-1797) è uno stato di tipo federativo che si fonda sul consenso popolare. Il Capo del Governo è il Doge (dal latino *dux*) che viene eletto e rimane in carica fino alla sua morte. Nel momento di massima espansione (XVII - XVIII sec.) i suoi territori comprendono, oltre al Nord-est dell'Italia, gran parte delle coste orientali e delle isole dell'Adriatico, Creta, il Peloponneso e gran parte delle isole greche. La sua capitale, Venezia, è per vari secoli un importante centro culturale e artistico europeo.

Il Prete Rosso

Antonio Vivaldi (Venezia, 1678 - Vienna, 1741), detto il Prete Rosso per il colore dei suoi capelli, è conosciuto soprattutto per *Le quattro stagioni* ma è anche un gran violinista: il suo apporto allo sviluppo della tecnica del violino e dell'orchestrazione è di grande importanza per la storia della musica e influenza compositori come Johann Sebastian Bach. Inoltre compone circa 45 opere liriche, oggi quasi tutte perse. Le scenografie di alcune delle sue opere le realizza il giovane Canaletto (Giovanni Antonio Canal, Venezia 1697-1768) che diventa più tardi un famoso vedutista.

Un ritratto di Antonio Vivaldi conservato nel Museo internazionale e biblioteca della musica (Bologna)

> Vivere a Venezia, o semplicemente visitarla, significa innamorarsene e nel cuore non resta più posto per altro.
>
> Peggy Guggenheim, in Anton Gill, *Peggy Guggenheim* (2001)

Il Palladio

Andrea Palladio (Padova, 1508 - Maser, Treviso 1580) è stato l'architetto più importante della Repubblica di Venezia ed è una figura di riferimento per l'architettura occidentale. I suoi *Quattro libri dell'architettura* (1570) hanno avuto una grande influenza: il "palladianesimo", basato sui principi classico-romani, dura per ben tre secoli. La città di Vicenza e le ville palladiane del Veneto sono patrimonio dell'umanità UNESCO.

Villa Almerico Capra detta la Rotonda (Vicenza)

L'Emilia Romagna

Città: Bologna (capoluogo), Parma, Reggio Emilia, Modena, Ferrara, Ravenna...

Geografia: è bagnata a est dal Mar Adriatico ed è attraversata dal fiume Po; il territorio è molto fertile ed in prevalenza pianeggiante.

Specialità: mortadella, Prosciutto di Parma, Parmigiano-Reggiano, tortellini, tagliatelle, lasagne, ragù, piadina, Aceto Balsamico di Modena, Lambrusco.

Lingue: l'italiano, i dialetti emiliani e i dialetti romagnoli.

Particolarità: la maggior parte dei prodotti gastronomici italiani esportati all'estero è prodotta in Emilia-Romagna.

www.emiliaromagnaturismo.it

Un suggestivo paesaggio delle Valli di Comacchio, Parco Regionale del Delta del Po ↗

Il bellissimo castello degli Estensi a Ferrara →

L'imperatrice Teodora e la sua corte

Ravenna e il mosaico bizantino

Ravenna ha un patrimonio importante di mosaici bizantini. L'arte bizantina del mosaico arriva in Italia con Giustiniano I (482-565), imperatore bizantino che libera Ravenna dalla dominazione dei goti. Come ringraziamento, la popolazione di Ravenna fa decorare la chiesa di San Vitale. Ancora oggi si possono ammirare intatti i meravigliosi mosaici che rappresentano l'imperatore Giustiniano e l'imperatrice Teodora (497-548) con la loro corte e alcune scene dell'Antico Testamento.

Giustiniano è importante anche perché promuove l'organizzazione del diritto romano in una forma che è ancora oggi alla base della legge di varie nazioni.

L'abside di San Vitale

I prodotti DOP

L'Emilia Romagna è una delle regioni con più prodotti alimentari tipici con marchio registrato DOP (Denominazione d'Origine Protetta): un totale di 165 prodotti! Molti di questi sono conosciuti a livello internazionale, come per esempio il Prosciutto di Parma, la mortadella di Bologna, l'Aceto balsamico di Modena e, naturalmente, il Parmigiano-Reggiano. Il tradizionale formaggio dalla forma rotonda nasce nel Medioevo, nel XII secolo, grazie all'abbondante presenza d'acqua e di grandi spazi verdi per l'allevamento di animali da latte. Un parmigiano DOP pesa dai 33 ai 40 chili e deve stagionare (cioè invecchiare) per molto tempo.

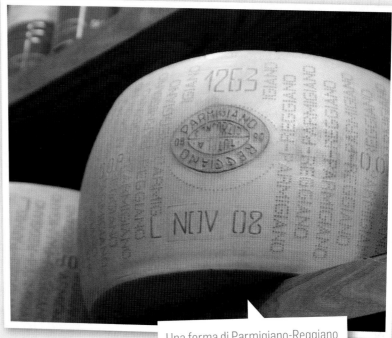
Una forma di Parmigiano-Reggiano con il marchio DOP.

Moto e macchine

L'Emilia-Romagna è la terra della Ducati, della Maserati, della Lamborghini e della famosissima Ferrari. Il modenese Enzo Ferrari (Modena, 1898-1988) comincia la sua attività negli anni Venti come pilota per l'Alfa Romeo. Negli anni Trenta crea e dirige la Scuderia Ferrari e diventa un vero industriale dell'automobile con la Ferrari S.p.A. La sede dell'azienda è a Maranello, in provincia di Modena, dove si trova anche il magnifico museo della Ferrari. Il cavallino rampante della Ferrari è in origine il simbolo del leggendario aviatore romagnolo Francesco Baracca (1888-1918). Nel 1923, la madre di Baracca lo dona personalmente a Enzo Ferrari come portafortuna.

Il famoso cavallino rampante

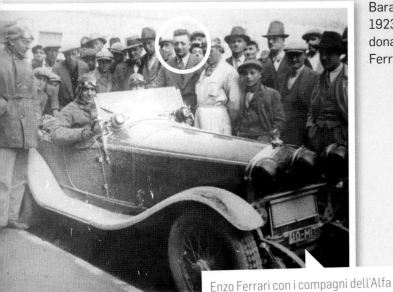
Enzo Ferrari con i compagni dell'Alfa Romeo nei primi anni Trenta

Copiare il vero può essere una buona cosa, ma inventare il vero è meglio, molto meglio.

Giuseppe Verdi (Roncole, Parma, 1813 - Milano, 1901)
Lettera a Clara Maffei, 1876

La Toscana

Città: Firenze (capoluogo), Pisa, Siena, Arezzo, Lucca...

Geografia: il territorio della Toscana è fatto in prevalenza da colline. La montagna più alta è il Monte Prado (2054 m), che si trova sull'Appennino Tosco-emiliano. La costa è bagnata dal Mar Ligure e dal Mar Tirreno. Il fiume più importante è l'Arno, che attraversa città come Firenze e Pisa.

Specialità: acqua cotta, cacciucco, bistecca fiorentina, ribollita, pappardelle al cinghiale, lardo di colonnata, Chianti.

Lingue: l'italiano e i dialetti toscani.

Particolarità: possiede sei siti iscritti come patrimonio dell'umanità dell'UNESCO.

www.turismo.intoscana.it

Un tipico paesaggio toscano con le colline e i vigneti del Chianti ↗
Piazza Grande, Arezzo →

La Città ideale (ignoto), immagine simbolo del Rinascimento italiano

Il Rinascimento

La Toscana è la patria del Rinascimento: tra la fine del XIV secolo e gli inizi del XV secolo, la ricca e sviluppata città di Firenze dà origine a un periodo di forte rinnovamento culturale e scientifico. Cambia la maniera di pensare, si dà più libertà e più importanza all'uomo. Il Rinascimento italiano è caratterizzato da grandissimi artisti come Donatello, Brunelleschi, Botticelli, Michelangelo e Leonardo da Vinci, che hanno tutti lavorato a Firenze e contribuito al progresso culturale e artistico della città.

Piazza dei Miracoli, Pisa

Cavalli al pascolo in Maremma

Ma di lontano
pace dicono al cuor le tue colline
con le nebbie sfumanti e il verde piano
ridente ne le pioggie mattutine.

Giosuè Carducci, *Traversando la Maremma Toscana*
(Valdicastello, Lucca 1835 – Bologna 1907)

Lorenzo il Magnifico in
un ritratto del Vasari

I Medici

La famiglia dei Medici
governa Firenze dal 1434 fino al 1737. Tra i suoi
membri ci sono tre papi e due regine di Francia e dei
grandissimi mecenati. La fama mondiale dei Medici è
collegata proprio alla promozione culturale, artistica e
scientifica. Tra i personaggi più importanti c'è Lorenzo
de' Medici, "il Magnifico". Durante la sua attività di
Mecenate ospita alla sua corte umanisti come Pico
della Mirandola e Angelo Poliziano e ha contatti con
Sandro Botticelli e Antonio Pollaiolo.

La lingua italiana

La lingua italiana nasce in Toscana dal dialetto
fiorentino grazie al prestigio culturale e all'importanza
di autori come Dante Alighieri, Francesco Petrarca
e Giovanni Boccaccio. Il toscano, e in particolare il
fiorentino, è sempre stato
considerato la "lingua
letteraria" dell'Italia ed è la
base dell'italiano standard.
Alessandro Manzoni,
importante autore lombardo,
con l'espressione "sciacquare
i panni in Arno" dichiara di
utilizzare una lingua che si
avvicina al fiorentino per il suo
capolavoro, *I promessi sposi*.

Francesco Petrarca in un
affresco conservato alla
Galleria degli Uffizi

Le Marche

Città: Ancona (capoluogo), Pesaro, Macerata, Ascoli Piceno...

Geografia: il territorio delle Marche è bagnato dal Mar Adriatico ed è attraversato dall'Appennino Umbro-marchigiano. Il gruppo montuoso più alto della regione sono i Monti Sibillini.

Specialità: olive ascolane, ciausculo, moscioli, stoccafisso all'anconetana, Verdicchio di Jesi.

Lingue: l'italiano e i dialetti marchigiani.

Particolarità: le Marche sono una delle regioni più collinari d'Italia, le colline comprendono il 69% del territorio.

www.turismo.marche.it

Le colline e i Monti Sibillini

Federico da Montefeltro duca di Urbino (Piero della Francesca)

Il Ducato di Urbino

Urbino è una delle città rinascimentali più importanti d'Italia, ancora oggi conserva l'aspetto e l'architettura di questa epoca. Il suo nome è legato soprattutto alla figura di Federico da Montefeltro, signore di Urbino dal 1444 al 1482, che alla sua corte ospita personalità e artisti come Raffaello, Piero della Francesca e Leon Battista Alberti.

Urbino, città rinascimentale

Giacomo Leopardi

Giacomo Leopardi è uno dei maggiori poeti e letterati italiani, il massimo esponente dell'Ottocento e del romanticismo in Italia. Si distingue soprattutto per la riflessione sull'esistenza umana, profonda come quella di un filosofo. La solitudine di una vita passata a Recanati, cittadina delle Marche troppo piccola e provinciale per il suo spirito, i problemi di salute e la grandissima sensibilità danno alla sua opera un enorme valore letterario riconosciuto in tutto il mondo.

Un ritratto del grande Giacomo Leopardi

E che pensieri immensi
che dolci sogni mi ispirò la vista
di quel lontano mar, quei monti azzurri [...]

Giacomo Leopardi, *Le ricordanze*
(Recanati 1798–Napoli 1837)

Palazzo del Podestà, Fabriano

Fabriano, la città della carta

Fabriano è una delle più antiche città italiane produttrici di carta. Le prime botteghe sono del XIII secolo e nel XIV e XV secolo la produzione aumenta grazie a delle importanti innovazioni tecnologiche. Fabriano è il marchio di riferimento per la carta in Italia.

I fusilli di Fabriano

Il Lazio

Città: Roma (capoluogo), Frosinone, Latina, Rieti, Viterbo...

Geografia: il territorio è in prevalenza collinare, le pianure si trovano lungo la costa, che è bagnata dal Mar Tirreno. I gruppi montuosi del Lazio sono di origine vulcanica e sono caratterizzati dalla presenza di laghi.

Specialità: spaghetti alla carbonara, bucatini all'amatriciana, supplì, abbacchio allo scottadito, porchetta, coda alla vaccinara, carciofi alla giudia.

Lingue: l'italiano, il dialetto romanesco, il dialetto sabino e i dialetti laziali meridionali.

Particolarità: Per la sua storia quasi trimillenaria, Roma è definita l'Urbe o la Città Eterna. Al suo interno ospita uno stato straniero: la Città del Vaticano.

www.youtube.com/user/ATLAZIO

Vista dai spettacolari giardini di Villa d'Este a Tivoli (1550 – 1570) sulla campagna romana ↗

Il Parco degli acquedotti, Roma →

La lupa capitolina allatta Romolo e Remo.

Enea arriva con suo figlio Ascanio sulle coste del Lazio, rilievo romano 140 – 150 a.C.

Mito e leggenda

Secondo la mitologia, il Lazio e la civiltà romana hanno un'origine divina: il principe Enea, protagonista dell'Eneide di Virgilio (poeta e filosofo del I secolo a.C.), è un semidio, figlio di Anchise e della dea Venere. L'eroe della guerra di Troia deve fuggire con suo padre e suo figlio Ascanio dalla città in fiamme. Dopo lunghe avventure arriva sulle coste del Lazio, qui sposa la principessa Lavinia, figlia del re Latino, e dà origine a una grande stirpe. Sono i discendenti di Enea a fondare Roma: Romolo e suo fratello gemello Remo, figli di Rea Silvia (della stirpe di Enea) e del dio Marte. Secondo la leggenda, Romolo, primo re di Roma, fonda la città il 21 aprile del 753 a.C.

Una villa per l'imperatore

La città di Tivoli, a 30 Km da Roma, ospita due ville straordinarie: la rinascimentale Villa d'Este, con i suoi bei giardini, e l'antica Villa Adriana. Adriano (76-138, imperatore dal 117) è un imperatore tollerante, amante delle arti e della filosofia, appassionato della cultura greca e un gran viaggiatore. Adriano fa costruire questa città-villa di 120 ettari, con palazzi, terme, biblioteche, portici, templi e alloggi per migliaia di servi e militari. Nel Rinascimento si riscopre il gusto dell'arte romana e molte sculture, colonne e mosaici di Villa Adriana vengono portati nei palazzi delle famiglie nobili del Lazio.

Una veduta del Canopo a Villa Adriana, Tivoli

Cinecittà: la fabbrica dei sogni

A soli 9 km dal centro di Roma, su una superficie di 400 mila metri quadrati, si trova la più importante industria cinematografica europea: Cinecittà. Dalla sua creazione nel 1936, nella "Hollywood sul Tevere" si realizzano fino ad oggi più di 3.000 film. Di questi, ben 90 film sono nominati agli Oscar e 47 ricevono la statuetta. Tra i film più famosi realizzati a Cinecittà *Quo vadis* (1951), *Ben Hur* (1959), *Cleopatra* (1963), *La dolce vita* (1960), ma anche *Il paziente inglese* (1995) e *Gangs of New York* (2000). Soprattutto negli anni '60 e '70, il cinema italiano ha un'influenza a livello mondiale, grazie ai capolavori di Federico Fellini, Luchino Visconti, Pier Paolo Pasolini, Ettore Scola e tanti altri.

Ricostruzione del Foro Romano a Cinecittà

[Cinecittà] l'hanno definita la fabbrica dei sogni: un po' banale, ma anche vero. [...] Per me è il posto ideale, il vuoto cosmico prima del big bang.

Federico Fellini, (Rimini, 1920 – Roma, 1993)

Il Molise

Città: Campobasso (capoluogo), Isernia, Termoli, Venafro...

Geografia: regione composta quasi esclusivamente di montagne e colline, con 40 chilometri di costa sul Mare Adriatico.

Specialità: olio di oliva, pane di Venafro, mozzarella di bufala, Pampanella, cavatelli al ragù, fusilli alla molisana.

Lingue: l'italiano, i dialetti molisani.

Particolarità: probabilmente la regione d'Italia meno conosciuta a livello nazionale e internazionale.

www.sanniti.info

Tipico paesaggio del Molise tra colline e montagne

Una regione tutta da scoprire

Natura, storia, arte, antiche tradizioni e gastronomia sono i tesori di questa terra ancora poco conosciuta al grande pubblico. Chi visita la regione per la prima volta rimane sorpreso di quante cose vi sono da fare e visitare. Per chi ama la natura, ci sono da percorrere i "tratturi", antichi sentieri dei pastori tra colline e montagne. Il Parco Naturale d'Abruzzo, Lazio e Molise e le Oasi WWF sono bellissimi per fare delle escursioni e per conoscere la flora e la fauna tipiche della zona. Gli amanti degli sport invernali possono scegliere tra due stazioni di sci, Compitello Matese e Capracotta. Gli appassionati del mare, invece, trovano chilometri di spiagge di sabbia fine e un mare limpido sulla costa. Infine, per gli interessati alla storia e alla cultura, ci sono da scoprire numerosi siti archeologici, ma anche abbazie, borghi e castelli. La sopravvivenza unica di tradizioni, di attività artigianali e antichi mestieri rende il Molise un "piccolo mondo antico".

Zampognaro italiano in una litografia francese della metà dell'800

L'antico Sannio

I Sanniti o Sabelli, antica popolazione italica, sono presenti in gran parte del Molise sin dal VI secolo a.C., in un territorio chiamato Sannio. Nel IV secolo a.C. questi popoli entrano in contatto con la Repubblica Romana, allora potenza in piena ascesa. Per meglio proteggersi, formano una confederazione: la Lega sannita. Tra il 343 e il 290 a.C. hanno luogo tre Guerre sannitiche – dopo la vittoria definitiva dei Romani, i Sanniti vengono completamente romanizzati. Dei Sanniti, famosi per la loro forza e il loro coraggio, non sappiamo molto: non esistono testimonianze scritte, ma molti utensili e sepolcri. La lotta tra gladiatori è una tradizione sannita. In origine, il rito è collegato alla morte di un personaggio importante, ma ai Romani l'idea piace molto e fanno delle lotte tra gladiatori una specie di "sport nazionale".

Affresco di una tomba sannitica che mostra il ritorno di guerrieri sanniti dalla battaglia, Nola, IV secolo a.C.

1000 anni di esperienza per l'impresa familiare Marinelli di Agnone

Artigianato e mestieri antichi

Il Molise ha una grande tradizione artigiana: da secoli i molisani lavorano il ferro, il legno, la ceramica, il vetro e il tessuto. Particolarmente famosa è la produzione di campane ad Agnone, dei merletti a Isernia e delle zampogne a Scapoli. Il laboratorio della Fonderia Pontificia Marinelli ad Agnone produce da ormai 1000 anni campane che trovano posto nei campanili di ogni parte del mondo. Le donne di Isernia si dedicano a un'arte importata dalle suore spagnole nel '400: la lavorazione del merletto a tombolo. A Scapoli, invece, si trovano molte piccole botteghe artigiane dove si costruisce la zampogna, un antico strumento a fiato che identifica il Molise, ma è arrivato anche in Austria, Svizzera, Francia, Belgio, Inghilterra e Spagna.

Nonna nonna
nonna nonnarella
lu lupe z'è magnate
la pecurella
ze l'è magnate
cu' tutte la lana
povera pecurella
comme bràma*
Ninna nanna tradizionale
di Campobasso

* Traduzione in italiano:

Ninna nanna / nonna nonnarella / il lupo si è mangiata / la pecorella / se l'è mangiata / con tutta la lana / povera pecorella / come béla.

La Puglia

Città: Bari (capoluogo), Lecce, Taranto...

Geografia: è la regione più orientale d'Italia e ha circa 800 km di coste; è bagnata da due mari, il Mar Adriatico a est e il Mar Ionio a sud. Le uniche zone montuose della regione sono il Gargano e il Subappennino Dauno. Il Tavoliere delle Puglie (3000 km²) è la pianura più estesa d'Italia dopo la Pianura Padana.

Specialità: olio d'oliva, pane d'Altamura, orecchiette, burrata, Primitivo di Manduria.

Lingue: l'italiano i dialetti pugliesi, il dialetto tarantino, il dialetto salentino, l'albanese, il francoprovenzale e il greco.

Particolarità: nel 2010 il Ministero della Salute ha dichiarato balneabile il 98% delle coste pugliesi.

www.viaggiareinpuglia.it

La suggestiva costa di Polignano a mare, Bari ↗
Un caratteristico paesaggio pugliese con gli ulivi →

Le colonne del Tempio di Poseidone di Taranto

La Magna Grecia

Tra l'VIII e il VII secolo a.C. nell'Italia meridionale si formano delle colonie greche. Questa area geografica (Basilicata, Calabria, Campania e Puglia) prende il nome di Magna Grecia e, in Puglia, la città di Taranto è una delle più importanti. In questo periodo diventa una potenza economica, militare e culturale ed è sede della Scuola pitagorica tarantina. Sono numerosi i siti archeologici che testimoniano la presenza greca in Puglia: gli ipogei di Canosa (tombe sotterranee), il Tempio di Poseidone di Taranto e l'Acropoli di Saturo, ad esempio.

Il Barocco leccese

Il Barocco leccese è uno stile artistico-architettonico che si diffonde tra la fine del XVI secolo e la prima metà del XVIII nella provincia di Lecce. L'arte barocca arriva in questa zona con la dominazione spagnola e il suo grande sviluppo è dovuto anche alla "pietra leccese", molto adatta ad essere modellata. Le caratteristiche principali sono le decorazioni floreali, gli animali mitologici e gli stemmi. Lo stile si diffonde grazie ad architetti come Giuseppe Zimbalo e Giuseppe Cino.

La Basilica di Santa Croce, uno dei migliori esempi del Barocco leccese

Un suonatore di tamburello di pizzica salentina

La pizzica in un rito di guarigione dal tarantismo negli anni Cinquanta

La pizzica

La pizzica è una danza popolare tipica della Puglia e fa parte della famiglia delle tarantelle. Questa danza è legata al fenomeno del tarantismo, secondo la tradizione, infatti, la pizzica serve a guarire dalla malattia provocata dal morso della tarantola. In questo caso la danza è un po' diversa da quella ballata nelle feste e si chiama "pizzica tarantata". Oggi la pizzica è ancora molto presente soprattutto nella zona del Salento, nella Puglia meridionale.

> **Quando si dice la verità non bisogna dolersi di averla detta: la verità è sempre illuminante.**
>
> Aldo Moro, importante politico italiano assassinato dalle Brigate Rosse (Maglie, Lecce 1916 – Roma, 1978)

La Sicilia

Città: Palermo (capoluogo), Catania, Messina, Ragusa, Siracusa, Trapani...

Geografia: regione composta da isole: fanno parte della Sicilia anche le isole Eolie, le Egadi, le Pelagie, Ustica e Pantelleria. Territorio prevalentemente collinare; presenza di vulcani.

Specialità: arancini, caponata, parmigiana, pasta alla norma, panelle, cuscus, cannoli, cassata, Marsala, Passito di Pantelleria.

Lingue: l'italiano, il siciliano, l'arbereshe (dialetto albanese), il gallo-italico e il greco.

Particolarità: è la regione più estesa d'Italia (25.711 km^2); per la sua forma a tre punte la Sicilia era chiamata "Trinacria" nell'antichità.

http://pti.regione.sicilia.it

Palazzo nel centro di Palermo

Mescolanza di culture

La Sicilia di oggi è il risultato di un'eccezionale mescolanza di culture molto differenti tra loro (vedi cronologia). Probabilmente per questo motivo, i siciliani hanno una gestualità molto evidente: i gesti aiutano a capirsi meglio quando non si parla la stessa lingua.

Cartello stradale a Palermo

Breve cronologia della Sicilia	
XIII – V sec. a.C	Periodo preellenico (fenici, siculi, sicani)
735 a.C. – 241 a.C.	Periodo greco
241 a.C. – 440	Periodo romano
440 – 555	Dominazione vandala e ostrogota
535 – 1043	Dominazione bizantina
827 – 1091	Dominazione islamica
1061 – 1266	Dominazione normanna e sveva
1266 – 1282	Dominazione angioina
1282 – 1713	Dominazione aragonese e spagnola
1713 – 1734	Dominazione piemontese e austriaca
1734 – 1860	Dominazione borbonica
1860 – 1946	Regno d'Italia
dal 1946	Regione autonoma con statuto speciale della Repubblica Italiana

Federico II di Svevia

Di particolare importanza è il regno di Federico II di Svevia (Jesi, 1194 – Fiorentino di Puglia, 1250), re di Sicilia dal 1198, Sacro Romano Imperatore e re di Germania dal 1220. Conosciuto ai suoi tempi come "stupor mundi" ("meraviglia del mondo"), Federico II è un uomo intelligente, tollerante e dalle grandi doti politiche e militari. Si distingue inoltre come mecenate della letteratura, delle arti e dell'architettura. Alla sua corte vivono i grandi intellettuali e studiosi dell'epoca, senza distinzione di cultura e religione. Grande appassionato del sapere e della scienza araba, fa tradurre molte opere. Contribuisce alla nascita della letteratura italiana, attraverso un movimento poetico, la Scuola Siciliana, che inventa una nuova composizione metrica: il sonetto. Una vera passione è per Federico l'arte della caccia con i falchi, che descrive nel suo famoso trattato *De arte venandi cum avibus*.

Francobollo commemorativo di Federico II, raffigurato sul trono con un falco

Valle dei Templi di Agrigento

Veduta dell'Etna fumante dalla spiaggia di Catania

Vulcani

La Sicilia e le isole vicine sono caratterizzate da un'intensa attività vulcanica. I vulcani siciliani più importanti sono l'Etna (nei pressi di Catania), lo Stromboli e il Vulcano (sulle isole con lo stesso nome). I termini "vulcano" e "vulcanesimo" derivano dal nome romano del dio del fuoco, che secondo la mitologia antica aveva il suo laboratorio sull'isola di Vulcano.

Allora incontro ti verran le belle
Spiagge della Trinacria isola, dove
Pasce il gregge del Sol, pasce l'armento.

Ulisse arriva in Sicilia, dall'*Odissea* di Omero

L'ALFABETO

A (a)
B (bi)
C (ci)
D (di)
E (e)
F (effe)
G (gi)
H (acca)
I (i)
L (elle)
M (emme)

N (enne)
O (o)
P (pi)
Q (cu)
R (erre)
S (esse)
T (ti)
U (u)
V (vu, vi)
Z (zeta)

Lettere straniere
J (i lunga)
K (cappa)
W (doppia vu)
X (ics)
Y (ipsilon)

VOCALI E CONSONANTI

Le vocali dell'italiano sono cinque (**a**, **e**, **i**, **o**, **u**) ma quelle toniche, cioè quelle che portano l'accento, sono sette: **a**, **e aperta** (ɛ), **e chiusa**, **i**, **o chiusa**, **o aperta** (ɔ), **u**. Le uniche vocali che possono essere aperte o chiuse sono la **e** e la **o**.

Tutte le consonanti italiane, tranne l'**h**, possono essere doppie. In questo caso il suono della consonante è più lungo e il suono della vocale che precede è breve (*dobbiamo, differenza, nessuno, notte...*).

L'ACCENTO

In italiano l'accento tonico cade generalmente sulla **penultima sillaba** (*gelato, amico*), però può cadere anche sull'**ultima sillaba** (*università, caffè*), sulla **terzultima sillaba** (*zucchero, parlano*) e sulla **quartultima sillaba** (*abitano, comunicano*).

 Quando l'accento tonico cade sull'ultima sillaba si deve scrivere.

L'accento grafico può essere **aperto** (`) o **chiuso** (´). La **e** è l'unica vocale che ha accento grafico aperto e chiuso: *caffè, perché*.

 In alcuni casi si mette l'accento grafico per distinguere parole uguali di una sola sillaba: **è** (verbo *essere*), **e** (congiunzione); **là** (avverbio), **la** (articolo).

LA PRONUNCIA

suono	lettere	esempi
[k]	**c** (+ a, o, u, he, hi)	**ca**sa, **Co**losseo, **cu**ore, ami**che**, **chi**esa
[tʃ]	**c** (+ e, i, ia, io, iu)	**ce**na, arriveder**ci**, **cia**o, **cio**ccolato, **ciu**ffo
[g]	**g** (+ a, o, u, he, hi)	**ga**tto, la**go**, **gu**ida, spa**ghe**tti, fun**ghi**
[dʒ]	**g** (+ e, i, ia, io, iu)	**ge**lato, vi**gi**le, vali**gia**, buon**gio**rno, **giu**sto
[ʎ]	**gl** (+ i)	fami**glia**
[ŋ]	**gn**	co**gn**ome
[ʃ]	**sc** (+ e, i, ia, io, iu)	**sce**na, u**sci**re, **scia**rpa, la**scio**, a**sciu**tto
[sk]	**sc** (+ a, o, u, he, hi)	**sca**le, **sche**da, ma**schi**le
muta	**h**	**h**o, **h**ai, **h**anno, **h**otel

L'INTONAZIONE

La costruzione delle frasi **dichiarative**, **esclamative** e **interrogative** è la stessa. L'unica differenza consiste nell'intonazione: l'intonazione nelle dichiarative è più uniforme, nelle esclamative è discendente e nelle interrogative è ascendente.

Giulio viene con noi.

Giulio viene con noi!

Giulio viene con noi?

I NUMERI

0 zero	**15** quindici	**30** trenta	**108** centootto
1 uno	**16** sedici	**40** quaranta	**109** centonove
2 due	**17** diciassette	**50** cinquanta	**110** centodieci
3 tre	**18** diciotto	**60** sessanta	**200** duecento
4 quattro	**19** diciannove	**70** settanta	**300** trecento
5 cinque	**20** venti	**80** ottanta	**400** quattrocento
6 sei	**21** ventuno	**90** novanta	**500** cinquecento
7 sette	**22** ventidue	**100** cento	**600** seicento
8 otto	**23** ventitré	**101** centouno	**700** settecento
9 nove	**24** ventiquattro	**102** centodue	**800** ottocento
10 dieci	**25** venticinque	**103** centotré	**900** novecento
11 undici	**26** ventisei	**104** centoquattro	**1000** mille
12 dodici	**27** ventisette	**105** centocinque	**2000** duemila
13 tredici	**28** ventotto	**106** centosei	**1.000.000** un milione
14 quattordici	**29** ventinove	**107** centosette	**2.000.000** due milioni

 I numerali cardinali sono invariabili eccetto **uno**, che al femminile diventa **una**; **mille**, che al plurale diventa **mila**; **milione**, che al plurale diventa **milioni**, e **miliardo**, che al plurale diventa **miliardi**.

I NOMI

In italiano esistono **due generi**: il **maschile** e il **femminile**. Di solito i nomi maschili terminano in -**o** (l'ami*co*, il lib*ro*) e quelli femminili in -**a** (la ragaz*za*, la lavagn*a*), però esistono dei nomi femminili che terminano in -**o** (la radi*o*, la man*o*) e dei nomi maschili che terminano in -**a** (il problem*a*, il tem*a*).
Ci sono inoltre nomi che terminano in -**e**, che possono essere maschili (il ristorant*e*, l'evidenziator*e*) e femminili (la canzon*e*, la class*e*).
I nomi che terminano in **consonante** sono generalmente di origine straniera e sono per lo più maschili (il ba*r*, lo spor*t*).

FORME PARTICOLARI DEL FEMMINILE

I nomi maschili che terminano in -**e** hanno il femminile in -**a** o -**essa**:
il signore - la signor*a*, lo studente - la student*essa*.

Alcuni nomi maschili che terminano in -**tore** hanno il femminile in -**trice**:
l'attore - l'at*trice*, lo scrittore - la scrit*trice*.

Alcuni nomi hanno due **forme completamente differenti** per il maschile e per il femminile:
l'uomo - la donna, il padre - la madre,
il fratello - la sorella.

NOMI INVARIABILI

Al singolare, tutti i nomi in -**ista** e alcuni in -**a** sono identici al maschile e al femminile (*artista, turista, collega*). Alcuni nomi in -**e** sono uguali al maschile e al femminile, sia al singolare che al plurale:
il cantante - la cantante, il cliente - la cliente, il nipote - la nipote, ecc.
L'articolo permette di distinguerli.

LA FORMAZIONE DEL PLURALE

	SINGOLARE	PLURALE
nomi maschili in -o	il ragaz**zo**	i ragaz**zi**
nomi femminili in -a	la piaz**za**	le piaz**ze**
nomi in -e	lo student**e** la stazion**e**	gli student**i** le stazion**i**
nomi maschili in -a	il problem**a**	i problem**i**
nomi con accento sull'ultima sillaba	il caff**è** la citt**à**	i caff**è** le citt**à**
nomi che terminano in consonante	il ba**r** il compute**r**	i ba**r** i compute**r**
nomi che sono abbreviazioni	la **moto**(cicletta) la **foto**(grafia) il **cinema**(tografo)	le **moto**(ciclette) le **foto**(grafie) i **cinema**(tografi)

IL PLURALE DEI NOMI IN -CIA E -GIA

SINGOLARE	PLURALE
aran**cia**, spiag**gia**	aran**ce**, spiag**ge**
cami**cia**, cilie**gia**	cami**cie**, cilie**gie**

IL PLURALE DEI NOMI -CO, -GO, -CA E -GA

MASCHILE		FEMMINILE	
singolare	**plurale**	**singolare**	**plurale**
par**co** <u>me</u>di**co**	par**chi** medi**ci**	biblio<u>te</u>**ca**	biblio<u>te</u>**che**
		bot<u>te</u>**ga**	bot<u>te</u>**ghe**
al<u>ber</u>**go** psi<u>co</u>lo**go**	al<u>ber</u>**ghi** psicolo**gi**		

Per i nomi maschili che terminano in -**co** e -**go** la formazione del plurale dipende dalla posizione dell'accento: se cade sulla penultima sillaba hanno il plurale in -**chi** e -**ghi**, se cade sulla terzultima hanno il plurale in -**ci** e -**gi**.

 Esistono delle eccezioni: a<u>mi</u>**co** → ami**ci**; di<u>a</u>lo**go** → dialo**ghi**

Come regola generale, il plurale dei nomi femminili in -**cia** e -**gia** è in -**ce** e -**ge** se la lettera che precede la terminazione è una consonante, in -**cie** e -**gie** se la lettera che precede è una vocale.

GLI ARTICOLI

ARTICOLI DETERMINATIVI SINGOLARI

MASCHILE		FEMMINILE	
il + consonante **l'** + vocale, h **lo** + z, s + consonante, y, ps	*il giorno* *l'amico, l'hotel* *lo zaino, lo studente,* * lo yogurt, lo psicologo*	**la** + consonante **l'** + vocale	*la casa* *l'amica*

ARTICOLI DETERMINATIVI PLURALI

MASCHILE		FEMMINILE	

i + consonante
gli + vocale, h
    + z, s + consonante, y, ps
	i giorni
	gli amici, gli hotel
	gli zaini, gli studenti,
	* gli yogurt, gli psicologi*
		le + consonante
		    + vocale
			le case
			le amiche

ALCUNI USI DELL'ARTICOLO DETERMINATIVO

Con i cognomi al plurale:
*Stasera andiamo a teatro con **i Rossi**.*

Con titoli come **signore**, **professore**, **dottore**, seguiti dal nome o dal cognome, se si parla di una terza persona:
*Ho appena visto **la signora Parente**.*

Si può usare con i nomi delle lingue:
*Gottfried parla italiano / **l'italiano**.*

Con il verbo **fare** per le professioni:
*Faccio **il tassista**.*

Con le regioni, i paesi, i continenti:
***La Sicilia** è la regione più grande d'Italia.*
***Il Belgio** è famoso per il cioccolato.*
***L'Oceania** è il continente più piccolo.*

Con i nomi di fiumi, laghi e monti:
***Il Po** è il fiume più lungo d'Italia.*
***Il lago di Garda** è bellissimo.*
***Il Monte Bianco** è la montagna più
    alta d'Europa.*

ARTICOLI INDETERMINATIVI

MASCHILE		FEMMINILE	

un + consonante
un + vocale, h
uno + z, s + consonante, y, ps
	un giorno
	un amico, un hotel
	uno zaino, uno studente,
	    uno yogurt, uno
	    psicologo
		una + consonante
		un' + vocale
			una casa
			un'amica

ARTICOLI PARTITIVI SINGOLARI

MASCHILE		FEMMINILE	
del + consonante **dell'** + vocale, h **dello** + z, s + consonante, y, ps	*del parmigiano* *dell'olio* *dello zucchero, dello* *speck, dello yogurt*	**della** + consonante **dell'** + vocale	*della frutta* *dell'acqua*

ARTICOLI PARTITIVI PLURALI

MASCHILE		FEMMINILE	

dei + consonante
degli + vocale, h
    + z, s + consonante, y, ps
	dei ragazzi
	degli amici
	degli zaini, degli studenti,
	    degli yogurt, degli
	    psicologi
		delle + consonante
		    + vocale
			delle ragazze
			delle amiche

Gli articoli partitivi si formano con la preposizione **di** seguita dall'**articolo determinativo** e indicano una parte o una quantità indeterminata. Al singolare si usano con sostantivi non numerabili, al plurale si usano anche come plurale degli articoli indeterminativi:
*Compra **del prosciutto**, per favore.*
*In questo quartiere ci sono **dei negozi** molto eleganti.*

GLI AGGETTIVI

Gli aggettivi indicano le caratteristiche del nome che accompagnano e concordano nel genere e nel numero con il nome a cui si riferiscono.

SINGOLARE		PLURALE	
maschile	**femminile**	**maschile**	**femminile**
piccol**o**	piccol**a**	piccol**i**	piccol**e**
modern**o**	modern**a**	modern**i**	modern**e**
for**te**		for**ti**	
intelligen**te**		intelligen**ti**	

 Quando gli aggettivi si riferiscono a nomi maschili e femminili insieme prevale il genere maschile: *Giovanni e Laura sono molto simpatici.*

I COLORI

I colori che terminano in **-o** e in **-e** hanno il plurale come gli altri aggettivi. Alcuni colori, però, sono invariabili:
*il **maglione rosa** e la **giacca rosa***
*i **pantaloni viola** e le **gonne viola***
*gli **stivali beige** e la **camicia beige***
*la **borsa blu** e gli **zaini blu***

LA POSIZIONE DEGLI AGGETTIVI

Generalmente l'aggettivo segue il nome, ma alcuni aggettivi si usano sia prima sia dopo il nome; in questo caso possono avere significati differenti:
*una **grande persona*** (una persona buona)
*una **persona grande*** (una persona alta)
*un **vecchio amico*** (un amico che ho da tanto tempo)
*un **amico vecchio*** (vecchio di età)

IL SUPERLATIVO RELATIVO

Il superlativo relativo si usa per paragonare la qualità di una persona o di una cosa rispetto a un gruppo. Si forma con **l'articolo determinativo** + **più** / **meno** + **aggettivo** + **di**:
*Simone è **il più sportivo della** classe.*

L'AGGETTIVO BELLO

Quando l'aggettivo **bello** precede il nome, prende diverse forme a secondo della lettera iniziale del nome che lo segue. Funziona, quindi, in modo analogo all'articolo determinativo:

bel *vestito*
bello *zaino*
bell'*impermeabile*
bella *giacca*
bei *pantaloni*
begli *stivali*
belle *scarpe*

Oh, che bella donna!

IL SUPERLATIVO ASSOLUTO

Il superlativo assoluto esprime la qualità al massimo grado. Si forma aggiungendo -**issimo** all'aggettivo o con **l'aggettivo** preceduto da **molto**.
*Il libro che leggo è noios**issimo** / **molto noioso**.*
*La città dove abito è bell**issima** / **molto bella**.*

GLI INDEFINITI

tanti / molti cappuccini

qualche cappuccino

pochi cappuccini

nessun cappuccino

GLI AGGETTIVI POSSESSIVI

MASCHILE		FEMMINILE	
singolare	**plurale**	**singolare**	**plurale**
il mio libro	i miei libri	la mia amica	le mie amiche
il tuo libro	i tuoi libri	la tua amica	le tue amiche
il suo libro	i suoi libri	la sua amica	le sue amiche
il nostro libro	i nostri libri	la nostra amica	le nostre amiche
il vostro libro	i vostri libri	la vostra amica	le vostre amiche
il loro libro	i loro libri	la loro amica	le loro amiche

 Quando il possessivo indica relazioni di parentela al singolare non si usa mai l'articolo, tranne nella forma **loro**:

mio zio - i miei zii; suo fratello - i suoi fratelli; la loro nipote - le loro nipoti

I DIMOSTRATIVI

GLI AGGETTIVI DIMOSTRATIVI

Il dimostrativo **questo** determina una persona o una cosa in rapporto di vicinanza nel tempo e nello spazio.
Il dimostrativo **quello** determina una persona o una cosa in rapporto di lontananza nel tempo e nello spazio.
Le forme dell'aggettivo **quello** seguono le norme dell'articolo determinativo.

VICINO (qui/qua)		LONTANO (lì /là)	
singolare	**plurale**	**singolare**	**plurale**
questo maglione	questi maglioni	quel maglione	quei maglioni
questo impermeabile questo zaino	questi impermeabili questi zaini	quell'impermeabile quello zaino	quegli impermeabili quegli zaini
questa felpa	queste felpe	quella felpa	quelle felpe

I PRONOMI DIMOSTRATIVI

	VICINO (qui/qua)		LONTANO (lì /là)	
	singolare	**plurale**	**singolare**	**plurale**
MASCHILE	questo	questi	quello	quelli
FEMMINILE	questa	queste	quella	quelle

Le piace questo?

...preferisco quello verde.

GLI INTERROGATIVI

Chi è il tuo insegnante?
Che lavoro fai?
Cosa studi?
Come stai?
Perché studi l'italiano?
Dove abiti?

Quando parte il treno?
Quanto costa questo vestito?
Quanti anni hai?
Qual è il tuo zaino?
Quali scarpe preferisci?

 La forma **qual** si usa con il verbo *essere* e non si mette l'apostrofo.
Se l'interrogativo **quale** è seguito da un nome ha due forme: singolare e plurale.
Quale maglietta ti piace?
Quali pantaloni mi stanno meglio?

I PRONOMI

I PRONOMI SOGGETTO

In italiano l'uso del pronome soggetto non è obbligatorio perché le forme verbali indicano chiaramente chi è il soggetto.

io (persona che parla)
tu (persona che ascolta)
lui / lei / Lei (persona nominata)
noi (persone che parlano)
voi (persone che ascoltano)
loro (persone nominate)

LA FORMA DI CORTESIA

La forma di cortesia si usa per rispetto ed educazione per parlare con persone più anziane, con persone che non si conoscono o con cui non si ha confidenza.

Per la forma di cortesia si usa il pronome **Lei**, che ha la funzione di pronome di seconda persona perché si riferisce alla persona che ascolta, però il verbo va alla terza persona singolare:
Signor Bianchi, Lei dove abita?

Il plurale della forma di cortesia è il **voi**:
Buongiorno signori, cosa prendete?

I PRONOMI DIRETTI

I pronomi diretti si usano per sostituire il complemento oggetto (senza preposizione).

	ATONI	TONICI
io	mi	me
tu	ti	te
lui, lei, Lei	lo, la, La	lui, lei, Lei
noi	ci	noi
voi	vi	voi
loro	li, le	loro

 Le forme **lo**, **la**, **li**, **le** concordano in genere e numero con il nome che sostituiscono.
La forma **lo** può anche sostituire una frase:
- ◆ *Cosa fanno stasera in tv?*
- ▫ *Non **lo** so.*

I PRONOMI INDIRETTI

I pronomi indiretti si usano per sostituire il complemento indiretto (con la preposizione **a**).

	ATONI	TONICI
io	mi	a me
tu	ti	a te
lui, lei, Lei	gli, le, Le	a lui, a lei, a Lei
noi	ci	a noi
voi	vi	a voi
loro	gli	a loro

Le forme toniche si usano per dare enfasi:
__A me__ il jazz non piace per niente!

Nelle frasi negative, le forme atone vanno sempre tra negazione e verbo:
*L'arte contemporanea **non mi interessa**.*

LA POSIZIONE DEI PRONOMI

Generalmente il pronome va prima del verbo:
__Mi__ piace cucinare.

Con i verbi *potere, volere, sapere + infinito*, può andare prima o dopo il verbo:
__Lo__ posso provare? / Posso provar__lo__?

Con l'imperativo affermativo, il pronome va sempre dopo il verbo:
Ho fatto una torta. Mangia__la__ a merenda.
Con l'imperativo negativo, può andare prima o dopo il verbo:
*Il latte è scaduto, non **lo** bere / non ber**lo**!*

Il pronome non si usa solo per sostituire, ma anche per dare enfasi:
La verdura, __la__ mangio tutti i giorni.
In questo caso, complemento e pronome si trovano nella stessa frase.

LA PARTICELLA NE

La particella **ne** può sostituire un elemento in riferimento a una quantità:
- ◆ *Vorrei della mortadella, per favore.*
- ▫ *Quanta **ne** vuole?*
- ◆ *Due etti, grazie.*

LE PREPOSIZIONI

DI
Sono **di** Lisbona. (origine)
Questa è la macchina **di** mia sorella. (appartenenza)
La borsa **di** pelle. (materiale)

A
Vivo **a** Berlino. (residenza)
Vado **a** Firenze. (destinazione)
Il film finisce **a** mezzanotte. (momento dell'azione)
La camicia **a** quadri. (qualità)

DA
Vengo **da** Venezia. (provenienza)
Da giovedì sono in vacanza. (inizio dell'azione)
Studio cinese **da** un anno. (durata)
Stasera andiamo a cena **da** Laura. (a casa di)

IN
Viviamo **in** Toscana. (residenza)
Domani Carla va **in** Austria. (destinazione)
In inverno qui fa molto freddo. (momento dell'azione)

CON
Vado a pattinare **con** Francesco. (compagnia)

SU
Il dizionario è **sul** tavolo. (equivale a *sopra*)

PER
Ho studiato inglese **per** cinque anni. (durata)
Studiamo il tedesco **per** lavoro. (finalità)

TRA/FRA
Tra le due e le tre faccio la pausa pranzo. (intervallo di tempo)

LE PREPOSIZIONI ARTICOLATE

Le preposizioni **di**, **a**, **da**, **in** e **su** quando sono seguite da un articolo determinativo, si uniscono con questo e formano una sola parola.

	di	a	da	in	su
il	del	al	dal	nel	sul
lo	dello	allo	dallo	nello	sullo
la	della	alla	dalla	nella	sulla
l'	dell'	all'	dall'	nell'	sull'
i	dei	ai	dai	nei	sui
gli	degli	agli	dagli	negli	sugli
le	delle	alle	dalle	nelle	sulle

LE ESPRESSIONI DI LUOGO

dietro   davanti   di fronte   lontano   vicino   in mezzo

GLI AVVERBI

Gli avverbi definiscono con maggiore precisione i verbi, gli aggettivi e altri avverbi.

GLI AVVERBI DI FREQUENZA

+ Vado **sempre** al cinema.

↑ La domenica mangio **spesso** dai miei.

Di solito / **Generalmente** il sabato vedo Michele.

Qualche volta / **a volte** vado a teatro.

Raramente mangio pesce.

Non bevo **quasi mai** vino.

- Il lunedì sera **non** esco **mai**.

 Con *mai* e *quasi mai* si usa sempre la negazione **non**.

GLI AVVERBI DI QUANTITÀ

+ Ho lavorato **troppo** oggi, sono stanchissima!

↑ Dormi **molto**, sei un dormiglione!

Ho mangiato **abbastanza**, basta così, grazie.

- Dormo **poco** ultimamente, ho un po' di insonnia.

Fai sport?

Poco...

GLI AVVERBI DI TEMPO

Non ancora indica che l'azione non è avvenuta fino a quel momento:
Non sono ancora andato dal fruttivendolo.

Già indica che l'azione è avvenuta:
Non comprare la frutta, sono già andato dal fruttivendolo.

Appena indica che l'azione è avvenuta poco tempo fa:
Sono appena andato dal fruttivendolo ma non ho trovato le fragole.

LA POSIZIONE DEGLI AVVERBI

Gli avverbi generalmente si trovano vicino alla parola a cui si riferiscono.

Prima dell'aggettivo:
È una ragazza molto intelligente.

Dopo il verbo:
Luigi parla bene il francese.

Si possono usare da soli nelle risposte:
◆ *A che ora vai a letto?*
▢ ***Tardi***.

La posizione degli avverbi di frequenza, nelle frasi con il verbo al presente indicativo, è variabile:
Vado spesso al cinema.
Spesso vado al cinema.
Vado al cinema spesso.

 L'avverbio **sempre** non va mai prima del verbo.

AFFERMARE E NEGARE

SÌ

Si usa nelle risposte come equivalente di un'intera frase affermativa.

◆ *Sei svedese?*
▢ **Sì**, *di Stoccolma.*

NO

Si usa nelle risposte come equivalente di un'intera frase negativa.

◆ *Sei messicano?*
▢ **No**, *sono colombiano.*

NON

Si usa quando la negazione è all'interno della frase:
Non *ci sono biglietti per lo spettacolo di stasera.*

COMUNICARE

SALUTARE E PRESENTARSI
- **Buongiorno** signora Cittadini, **come sta?**
- Buongiorno! **Bene**, grazie, e Lei?

- **Ciao** Lorenzo, **come stai?**
- **Benissimo!** E tu?

- **Come ti chiami / si chiama?**
- **Mi chiamo** Silvia Carletti.

ORIGINE E PROVENIENZA
- **Di dove sei?**
- **Sono** russo, **di** Mosca.

- **Da dove vieni?**
- **Vengo da** Amsterdam.

PARLARE DI CITTÀ, QUARTIERI
La mia città è molto **rumorosa**.
Vivo in un quartiere **tranquillo**.
Questa è una zona molto **elegante**.
La biblioteca è in un palazzo **antico**.

C'è una fermata della metro qui vicino?
Sì, è **di fronte** all'edicola.

Ci sono dei ristoranti etnici in centro?
No, però **ci sono tante enoteche e trattorie**.

ESPRIMERE I GUSTI PERSONALI
+ **Adoro/amo** l'arte antica.
Mi piace moltissimo / tantissimo cucinare.
Mi piacciono molto / tanto i gialli.
Mi piacciono i film vecchi.
Non mi piace tanto / molto il jazz.
Non mi piacciono per niente i film d'amore.
- **Odio / non sopporto** i romanzi storici.

CHIEDERE E DIRE L'ORA
(Senta, scusi)
(Senti, scusa) } che **ora è?** / che **ore sono**?

È mezzogiorno / mezzanotte.
Sono le dieci e un quarto.

INFORMARSI SULL'ORARIO
- **A che ora** vai a dormire?
- **Verso** le undici.

- **Quando** pranzi?
- **Fra / tra** le due e le tre.

- **Che orario** fai il venerdì?
- Lavoro **dalle** 9 **alle** 15.

FARE ACQUISTI
- Buongiorno, La posso aiutare?
- **Vorrei / volevo** vedere quegli stivali neri.

- **Che taglia porta?**
- La M.

- Se non va bene, **lo posso cambiare?**
- Certo, però deve conservare lo scontrino.

- **Quanto costa** questa felpa?
- 35 € (euro)

- **Posso pagare** con la carta di credito?
- Certo. Prego, si accomodi alla cassa.

 Quanto **viene** questa borsa?
= Quanto **costa** questa borsa?

PARLARE DEL PASSATO
Due anni fa ho fatto un viaggio in Africa.
Il mese scorso mi sono iscritta a un corso di pittura.
Nel 2005 mi sono laureato.
La settimana scorsa ho partecipato a un laboratorio di scrittura creativa.

DARE CONSIGLI
Mangia più frutta!
Non bere troppo caffè!
Devi mangiare il pesce più spesso!

ESPRIMERE OBBLIGO
La mattina **bisogna fare** colazione.
Si deve bere almeno 1 litro d'acqua al giorno.
Si devono mangiare frutta e verdura tutti i giorni.

AL BAR / RISTORANTE
Un caffè, per favore!
Avete cornetti con la marmellata?
Che primi piatti avete?
Può portare un altro bicchiere, per cortesia?
Il conto, per favore!

IL PRESENTE INDICATIVO

Il **presente indicativo** si usa per parlare di
azioni presenti, quotidiane e che si svolgono con
regolarità.
La coniugazione si forma aggiungendo alla radice
del verbo le desinenze delle persone verbali:
parl-**o**, parl-**i**, parl-**a**, parl-**iamo**...

L'IMPERATIVO DIRETTO

L'**imperativo diretto** si usa per dare consigli,
suggerimenti e istruzioni in situazioni informali.
Ha due persone, il **tu** e il **voi**. La coniugazione si forma
aggiungendo alla radice del verbo le desinenze delle
persone verbali:
studi-**a**, studi-**ate** / scriv-**i**, scriv-**ete** / segu-**i**, segu-**ite**

IL PASSATO PROSSIMO

Il **passato prossimo** si usa per parlare di azioni passate avvenute di recente o tanto tempo fa.
*Stamattina **ho comprato** il pane.*
*Dieci anni fa **ho fatto** un viaggio in Argentina.*

È un tempo composto, formato dal **presente dell'ausiliare** (**essere** o **avere**) e il **participio passato del verbo**:

Ho comprato   Sono andato
ausiliare participio   ausiliare participio

LA SCELTA DELL'AUSILIARE

L'ausiliare **avere** si usa con i verbi transitivi, cioè quei verbi
che possono essere seguiti da un complemento oggetto.
Abbiamo fatto un corso di cucina.

L'ausiliare **essere** si usa con:
verbi riflessivi (*divertirsi, sposarsi, conoscersi...*)
*Ci **siamo** conosciuti al corso d'italiano.*

verbi che indicano un **cambiamento di stato** (*nascere,
morire, diventare...*)
***Sono** nata il 20 agosto.*

verbi che indicano **stato in luogo** (*essere, stare, restare,
rimanere...*)
*Simona **è** rimasta a casa tutto il giorno.*

verbi di movimento (*andare, entrare, tornare, venire...*)
*Enrico e Lorenzo **sono** andati al cinema.*

 Alcuni verbi che indicano movimento vogliono
l'ausiliare **avere**: *viaggiare, nuotare, sciare,
passeggiare, camminare.*

IL PARTICIPIO PASSATO

Il **participio passato** si usa insieme all'ausiliare
(**essere** o **avere**) per formare il passato prossimo.
Il participo regolare si forma aggiungendo alla
radice del verbo le desinenze delle tre coniugazioni:
parl-**ato** (verbi in -**are**)
cred-**uto** (verbi in -**ere**)
dorm-**ito** (verbi in -**ire**)

Quando è accompagnato dal verbo **essere**, si
comporta come un aggettivo e concorda in genere
e numero con il soggetto:
*Marcella è arrivat**a** all'aeroporto.*
*Pietro è tornat**o** a casa.*
*Fabiana e Mara sono venut**e** da me.*
*Emiliano e Andrea sono stat**i** a Praga.*

VERBI AUSILIARI

ESSERE	AVERE
sono	ho
sei	hai
è	ha
siamo	abbiamo
siete	avete
sono	hanno

174 | centosettantaquattro

VERBI REGOLARI

PARLARE	SCRIVERE	PARTIRE	CAPIRE
parl**o**	scriv**o**	part**o**	cap-**isc**-o
parl**i**	scriv**i**	part**i**	cap-**isc**-i
parl**a**	scriv**e**	part**e**	cap-**isc**-e
parl**iamo**	scriv**iamo**	part**iamo**	capiamo
parl**ate**	scriv**ete**	part**ite**	capite
parl**ano**	scriv**ono**	part**ono**	cap-**isc**-ono

VERBI RIFLESSIVI

ALZARSI	METTERSI	VESTIRSI
mi alzo	**mi** metto	**mi** vesto
ti alzi	**ti** metti	**ti** vesti
si alza	**si** mette	**si** veste
ci alziamo	**ci** mettiamo	**ci** vestiamo
vi alzate	**vi** mettete	**vi** vestite
si alzano	**si** mettono	**si** vestono

VERBI IRREGOLARI O CON ALCUNE IRREGOLARITÀ ORTOGRAFICHE

STARE	FARE	ANDARE	USCIRE	SAPERE	VENIRE	RIMANERE	GIOCARE	PAGARE
sto	faccio	vado	**e**sco	so	ven**go**	riman**go**	gioco	pago
stai	fai	vai	**e**sci	sai	vieni	rimani	gio**chi**	pag**hi**
sta	fa	va	**e**sce	sa	vi**e**ne	rimane	gioca	paga
stiamo	facciamo	andiamo	usciamo	sappiamo	veniamo	rimaniamo	gio**chi**amo	pag**hi**amo
state	fate	andate	uscite	sapete	venite	rimanete	giocate	pagate
stanno	fanno	vanno	**e**scono	sanno	ven**gono**	riman**gono**	giocano	pagano

 Altri verbi irregolari comuni sono: **dire** (*dico, dici, dice, diciamo, dite, dicono*) e **dare** (*do, dai, da, diamo, date, danno*). Come **giocare** si coniugano tutti i verbi in -**care**, e come *pagare* tutti i verbi in -**gare**.

VERBI MODALI

VOLERE	POTERE	DOVERE
voglio	posso	devo
vuoi	puoi	devi
vuole	può	deve
vogliamo	possiamo	dobbiamo
volete	potete	dovete
vogliono	possono	devono

PARTICIPIO PASSATO IRREGOLARE

INFINITO	PARTICIPIO PASSATO
aprire	aperto
chiudere	chiuso
dire	detto
dirigere	diretto
essere	stato
fare	fatto
leggere	letto
mettere	messo
morire	morto
nascere	nato
perdere	perso
prendere	preso
rimanere	rimasto
scoprire	scoperto
scrivere	scritto
svolgere	svolto
vedere	visto
venire	venuto
vincere	vinto
vivere	vissuto

PASSATO PROSSIMO REGOLARE

AUSILIARE *ESSERE* O *AVERE* AL PRESENTE	+	PARTICIPIO PASSATO
ho, hai, ha, abbiamo, avete, hanno		studiat**o**
sono, sei, è siamo, siete, sono		andat**o/a** andat**i/e**

UNITÀ 1

Testi e contesti / Pista 1 – 2A
a di amore / b di buongiorno / c di ciao / d di Ducati / e di elegante / effe di Ferrari / gi di gelato / acca di hotel / i di Italia / elle di lasagna / emme di mamma / enne di Napoli / o di olio / p di pizza / cu di quando / erre di Roma / esse di San Remo / ti di Torino / u di uscita / vu, vi di Venezia / zeta di zaino / i lunga di Juventus / kappa di kebab / doppia vu di wifi / ics di taxi / ipsilon di yogurt

Testi e contesti / Pista 2 – 3A
1. Monica Bellucci. Bi, e, elle, elle, u, ci, ci, i. / **2.** Laura Pausini. Pi, a, u, esse, i, enne, i. / **3.** Valentino Rossi. Erre, o, esse, esse, i. / **4.** Roberto Benigni. Bi, e, enne, i, gi, enne, i.

Alla scoperta della lingua / Pista 3 – 2D
1. ● Ciao Lorenzo! / ◆ Oh ciao Barbara! Come stai? / ● Bene, grazie! E tu?
2. ● Buongiorno signora Bellini, come va? / ◆ Non c'è male, grazie.
3. ● Buonasera signor Montalbano! / ◆ Signora Galli! Come sta? / ● Non c'è male. E Lei?
4. ● Ciao Gianluca, come va? / ◆ Così, così … e tu come stai?

Qualcosa in più / Pista 4 – 1
1. Scusa, hai una penna rossa? / **2.** Se non siete sicuri, usate la matita. **3.** Mi presti la gomma, per favore? / **4.** Mi passi lo zaino… grazie! / **5.** Durante la lezione spegnete il cellulare, per favore. / **6.** Usate l'evidenziatore per le parole nuove. / **7.** Che carino il tuo astuccio! / **8.** Fate l'esercizio sul quaderno.

Qualcosa in più / Pista 5 – 2
1. Aprite il libro a pagina 25. / **2.** Puoi venire alla lavagna, per favore? / **3.** Posso cancellare? / **4.** Silenzio, per favore! / **5.** Scrivete sul vostro quaderno. / **6.** Puoi tornare al tuo posto, grazie.

Suoni e lettere / Pista 6 – A
casa, Colosseo, cuore / amiche, chiesa / cena, arrivederci, ciao / gatto, lago, guida / spaghetti, dialoghi / gelato, vigile, buongiorno

In azione / Pista 7 – 2
1. Un caffè per favore! / **2.** È in partenza il treno per Genova. / **3.** Prendete il libro a pagina 30! / **4.** Scusi dov'è la fermata dell'autobus?

UNITÁ 2

Testi e contesti / Pista 8 – 2B
1. Studio il tedesco per studiare all'università di Heidelberg. / **2.** Studio il cinese per lavoro. / **3.** Studio lo spagnolo per viaggiare in America Latina.

Alla scoperta della lingua / Pista 9 – 1A
zero / uno / due / tré / quattro / cinque / sei / sette / otto / nove / dieci / undici / dodici / tredici / quattordici / quindici / sedici / diciassette / diciotto / diciannove / venti / ventuno / ventidue / ventitré / ventiquattro / venticinque / ventisei / ventisette / ventotto / ventinove / trenta / trentuno / trentadue trentatré / trentaquattro / trentacinque / trentasei /trentasette / trentotto / trentanove / quaranta / cinquanta / sessanta / settanta / ottanta / novanta / cento

Alla scoperta della lingua / Pista 10 – 2A
1. ● Sabato c'è la festa di Fabio, segnati l'indirizzo: Viale Mazzini n. 57.
2. ● Carla, mi dai il numero del ristorante Da Piero, per favore? / ◆ Certo! È lo 081 66 5 03.

3. ● Quanto costa il regalo per la mamma? / ◆ Mmm… 73 euro.
4. ● Stefania, per favore dammi il tuo cellulare. / ◆ Sì, 333 72 11 62. / ● E anche la tua e-mail. / ◆ Dunque… stefania99@tiscalit.it

Alla scoperta della lingua / Pista 11 – 3B
Ci sono molti clienti abituali qui… Alcuni vengono tutti i giorni, li conosco bene… dunque, Tiziano Montini, che parla al cellulare, lavora in una banca qui vicino; la ragazza seduta al tavolo, Beatrice Martinelli, lavora in una scuola di danza; Francesca Romano lavora in un'agenzia di moda; il ragazzo che beve la birra, Marco De Cubellis, lavora in uno studio fotografico; Federica Verdi lavora in un ristorante molto buono e Tommaso Belli in un albergo.

Suoni e lettere / Pista 12 – A
abitare / città / portoghese / età / nazionalità / numero / ottanta / scrivere / svizzero / canadese / undici / ventitré

Suoni e lettere / Pista 13 – B
tré / tèssera / sédici / patènte / sètte / zèro / vènti / telèfono / òtto / nòve / attóre / fotògrafo / amóre / Scòzia / dódici / lavóro

In azione / Pista 14 – 1A
1. ● Buongiorno.
◆ Buongiorno. Sei qui per l'iscrizione?
● Sì, per il livello intermedio.
◆ Bene… Come ti chiami?
● Thomas Hammoud.
◆ Thomas… Con acca, vero?
● Sì: ti, acca, o, emme, a, esse.
◆ E come si scrive il cognome?
● Acca, a, emme, emme, o, u, di.
◆ E di dove sei?
● Sono francese, di Marsiglia.
◆ Quanti anni hai?
● 16.
◆ Sei studente?
● Sì, frequento il liceo.
◆ Mi dai il tuo numero di telefono, per favore?
● Sì. È il 347 59 33 21.
◆ Senti, mi puoi lasciare anche la tua e-mail?
● Sì, certo. È thomas@gmails.fr.
◆ E per finire le lingue. Che lingue parli?
● Il francese, l'inglese e un po' d'italiano.
◆ Benissimo, è tutto!
2. ● Buongiorno, senta. Vorrei iscrivermi al corso di cucina italiana.
◆ Sì certo, come si chiama?
● Elke Weber.
◆ Può ripetere per favore?
● Certo. Elke: e, elle, kappa, e; Weber: doppiavu, e, bi, e, erre.
◆ È tedesca?
● Sì, di Berlino.
◆ Quanti anni ha?
● 45.
◆ Mi può lasciare un numero di telefono?
● Sì, certo. Il telefono del lavoro: 06 76 34 67.
◆ 77 o 67?
● 67.
◆ Bene. Ha anche un'e-mail?
● Sì. È eweber@studioarte.it.

◆ Benissimo. Un'ultima informazione: quali lingue parla?
● Parlo l'italiano, l'inglese e ovviamente il tedesco.
◆ Perfetto, grazie mille!
3. ● Buongiorno, per l'iscrizione?
◆ Sì, sì è qui! Dunque, come ti chiami?
◆ Keiko Aguilera.
◆ Keiko con la kappa?
● Sì, kappa, e, i, kappa, o.
◆ Di dove sei Keiko?
● Sono metà giapponese e metà messicana.
◆ Allora parli il giapponese e il spagnolo?
● Sì, e anche un po' d'italiano e di francese.
◆ Benissimo. Senti, hai un numero di telefono italiano?
● Sì, 335 12 46 89 (tre, trentacinque, dodici, quarantasei, ottantanove).
◆ Scusa, me lo puoi ripetere?
● Sì, certo 335 12 46 89 (tre, tre, cinque, dodici, quarantasei, ottantanove).
◆ Mi dai anche la tua e-mail, per favore?
● Certo. È keiko@gmails.com.
◆ Un'ultima domanda e poi abbiamo finito: quanti anni hai?
● 20.
◆ Grazie mille.
● Grazie a Lei.

In azione / Pista 15 – 2
1, 20, 3, 26, 10, 15.

UNITÀ 3
Testi e contesti / Pista 16 – 2B
● Paola, tu adesso abiti a Napoli, vero?
◆ Sì, da tre mesi...
● E come ti trovi?
◆ Bene, la città è caotica e rumorosa ma sto bene.
● E vivi in un buon quartiere?
◆ Sì, è vicino al mare, è abbastanza tranquillo... non è molto popolato. Però è vivace, soprattutto la notte perché ci sono molti locali e ristoranti. E poi ci sono anche due parchi molto belli.
● Ah. E non è pericoloso?
◆ No, no, è sicuro! È anche abbastanza pulito. Purtroppo non c'è la metropolitana, ma ci sono vari autobus che portano in centro.

Qualcosa in più / Pista 17 – 2B
1. Il mio posto preferito della città? Il centro storico, senza dubbio. È molto antico, con dei palazzi molto belli. E poi ci sono tanti negozi e locali.
2. Il posto che preferisco della città è il parco. È molto grande, con tanti alberi e poi c'è anche una pista ciclabile.
3. Io preferisco la piazza principale. C'è sempre tanta gente, ci sono i caffè storici e una chiesa molto bella.
4. Il mio posto preferito è la Villa comunale. Ci vado con i miei figli dopo la scuola e la domenica c'è anche il mercato dell'antiquariato.
5. Il mio posto preferito è la piazzetta del mio quartiere. È piena di giovani e di bar. Lì incontro sempre i miei amici.
6. Io preferisco il Corso, ci sono tanti negozi eleganti e bar dove prendere un aperitivo.

Suoni e lettere / Pista 18 – A
1. In quale città preferisci vivere? / 2. Io preferisco vivere a Roma. / 3. Alice vive vicino alla scuola. / 4. Pietro preferisce vivere in Toscana.

Suoni e lettere / Pista 19 – C
1. Abitano lontano dall'ospedale? / 2. In mezzo alla piazza c'è un'edicola. / 3. La fermata dell'autobus è vicino? / 4. È un quartiere tranquillo e sicuro. / 5. In centro ci sono molte piste ciclabili. / 6. Vicino a casa tua ci sono degli alberghi? / 7. Nel quartiere non c'è nessun cinema. / 8. Il teatro è lontano?

Qualcosa in più / Pista 20 – 1B
● Allora Marcello, com'è Roma?
◆ Ah, bellissima! Stupenda! Una città fantastica!
● Beh certo, con tutte quelle rovine romane... il Foro, il Colosseo...
◆ Sì, ma non solo! È soprendente! È una città piena di storia ma ci sono anche degli edifici moderni.
● Ah sì?
◆ Sì, sì, all'EUR. E pensa che in questo quartiere c'è anche un lago.
● Certo! Come no? E magari anche il mare...
◆ No, il mare no, però c'è un'isola...
● Dove? Nel lago?
◆ No, nel fiume, il Tevere. È l'Isola Tiberina, vicino al quartiere di Trastevere. Ah, e lì vicino, a Testaccio, c'è una piramide...
● Davvero??
◆ Eh sì, è una tomba dell'epoca romana.
● E che altro c'è di soprendente?
◆ Il quartiere Coppedè, con degli edifici in stile Liberty bellissimi.

UNITÀ 4
Testi e contesti / Pista 21 – 2B
1. Ciao a tutti! Per essere veramente felice devo fare almeno 5 chilometri in bicicletta al giorno! Mi piace un sacco! E poi mi piace andare al cinema con i miei amici e uscire col mio ragazzo. Sono un po' timida ma adoro ballare, il tango è il mio ballo preferito. E a te piace ballare?
2. A me piace un sacco lo sport. Mi piace fare soprattutto sport acquatici, perché nella mia città ci sono delle spiagge bellissime. Un'altra cosa che mi piace tantissimo è correre sulla spiaggia. Adoro il mare e amo la musica!
3. Ciao! Ti piace cucinare? Allora sono la tua corrispondente perfetta! Sono una brava cuoca e il mio piatto forte sono i dolci. E poi adoro l'opera italiana, la mia preferita è la Madama Butterfly. Se anche tu vuoi parlare di Puccini e di Verdi, o se vuoi conoscere i segreti della cucina ...scrivimi!

Qualcosa in più / Pista 22 – 2 A
1. La famiglia allargata è un fenomeno tipico dei nostri giorni. È costituita da due nuclei familiari che formano un'unica famiglia: ad esempio, un uomo e una donna divorziati o vedovi che vivono insieme ai loro rispettivi figli.
2. La famiglia tradizionale è una famiglia numerosa formata dal nucleo di base (genitori e figli) più nonni, zii e cugini. Il padre lavora e la madre si dedica all'educazione dei figli.
3. La famiglia moderna è formata dai genitori e un figlio (raramente due figli). Tutti e due i genitori lavorano e si occupano dell'educazione del figlio.

Suoni e lettere / Pista 23 – A
1. cognome / 2. niente / 3. insegnante / 4. lavagna / 5. ragioniere / 6. cognato / 7. straniero / 8. Polonia / 9. Bologna / 10. provenienza

Suoni e lettere / Pista 24 – B
1. ● A te piacciono i film francesi?
◆ I film francesi? Mi piacciono da morire!

2. ● Ti piace la poesia?
◆ La poesia? No, non mi piace per niente.
3. ● Che tipo di musica ascoltate?
◆ A me piace un sacco Ligabue.
● Io adoro la musica classica.
◆ Io invece non sopporto la musica classica.

In azione / Pista 25 – 2A

1. ● Allora, facciamo un gioco. Io penso a un personaggio famoso. Voi mi fate delle domande e io vi do delle informazioni. E poi dovete indovinare di chi si tratta. Va bene?
◆ OK, d'accordo. Allora, è un uomo o una donna?
● È un uomo.
■ Che lavoro fa?
● Fa l'attore e anche il regista.
○ Di dov'è?
● È americano.
○ È americano…. Ed è bello?
● Sì, e sembra anche una persona molto simpatica.
◆ Dove abita?
● Negli Stati Uniti ma ha anche una casa sul Lago di Como.
■ Allora… è un attore e regista americano, è bello e simpatico, abita negli Stati Uniti e anche in Italia… Lo so, lo so. Mi piace un sacco! È…!!
● Esatto!

2. ■ Ok, allora… fatemi pensare… sì ok, ce l'ho!
○ È un uomo o una donna?
■ È una donna.
◆ È italiana?
■ Sì.
○ Che lavoro fa?
■ Adesso fa la cantautrice, ma prima faceva la modella.
◆ Dove abita?
■ A Parigi
● È italiana e abita a Parigi… È sposata?
■ Sì, con un politico francese molto importante.
● Ha figli?
■ Sì.
○ È bionda?
■ No, è castana.
◆ È alta?
■ Sì, ed è molto bella!
○ So chi è! È …!!
■ Brava!

3. ○ OK, adesso tocca a me! Sono pronta!
■ OK, è un uomo o una donna?
○ È un uomo.
◆ Che lavoro fa?
○ È un marinaio. Lavora in mare.
● Un marinaio?
○ Sì, ma è il protagonista di un fumetto. Non è un uomo vero.
● OK. E com'è fisicamente?
○ È bellissimo. È alto, magro e moro.
■ Ed è simpatico?
○ Mah, non lo so… A volte non tanto…
◆ Allora… è il protagonista di un fumetto, un uomo bello, alto, magro, moro… Chi è l'autore del fumetto? È italiano?
○ Sì, è Hugo Pratt.
■ Uff!! Che difficile!!!
○ Va bene, vi aiuto ancora un po'. Il suo nome indica di dov'è… l'isola di Malta.
◆ Ah! Allora credo di sapere di chi si tratta! …!!!
○ Bravissimo! Tocca a te, adesso.

4. ◆ Bene, ora tocca a me.
● È una donna giovane?
◆ Sì.
■ Che lavoro fa?
◆ La cantante.
○ È italiana?
◆ No, latino americana.
● Balla bene?
◆ Sì, benissimo!
○ Ha fatto anche dei film?
◆ No.
■ Mmmm… vive in America Latina o negli Stati Uniti?
◆ Un po' in America Latina e un po' in Spagna.
● Ma sì è…!!
◆ Esatto!!

PROVE UFFICIALI / Pista 26 – Esercizio 1

● Ciao Federico, tu dove abiti?
◆ Abito a Castelnuovo Rangone.
● E dove si trova?
◆ In provincia di Modena.
● È una piccola città?
◆ Mah, guarda, ha circa 14000 abitanti.
● È abbastanza grande, allora. E come si vive lì? Ci sono buoni servizi?
◆ Beh, non mi posso lamentare… Ci sono due palestre, però non c'è nessuna piscina. Una palestra è vicino alla scuola dove lavoro e l'altra è vicino al parco. Nel parco c'è una pista ciclabile che fa tutto il giro del parco. Io ci vado spesso con la bici.
● E ci sono dei locali carini?
◆ Sì, in centro soprattutto. Vicino alla piazza principale ci sono dei locali dove fanno dei concerti.
● Ah, carino!

PROVE UFFICIALI / Pista 27 – Esercizio 2

1. ● Scusi il cinema LUX è lontano?
◆ No, guardi è proprio di fronte al municipio.
2. ● Sai qual è il negozio di Sabrina?
◆ Sì, è quello sul corso, tra il bar e la banca.
3. ● Che libri leggi, Michela?
◆ Mi piacciono da morire i gialli… e non sopporto i romanzi d'amore…
4. ● Com'è il ragazzo di Marina?
◆ Carino… non è tanto alto, magro, biondo e ha gli occhi chiari.

PROVE UFFICIALI / Pista 28 – Esercizio 3

1. ● Le piace vivere in città?
◆ Non molto, preferisco i paesi con pochi abitanti…
2. ● Ciao sono Sylvia! Mi piace tantissimo il cinema italiano e adoro cucinare. E a te?
3. ● E questo disegno?
◆ È di mia figlia… vedi, questo è mio marito, questa sono io e questa è la mia bambina!
4. ● Conosci il bar di Nico?
◆ Sì, è molto carino, è in piazza, di fronte alla fontana.
5. ● A me non piace lavorare…
◆ A me invece sì!

UNITÀ 5

Alla scoperta della lingua / Pista 29 – 1C

1. ● Che ore sono?
◆ Le cinque meno venti.
2. Di solito pranzo a mezzogiorno e mezza.
3. Il film comincia alle sei e un quarto.

4. ● A che ora vai a letto?
  ◆ Tardi, all'una.
5. Il treno parte alle ore tredici e venticinque.
6. L'aereo delle ore venti e quaranta è in ritardo.
7. Si avvisa la gentile clientela che il supermercato chiude alle ore venti e trenta.
8. Lo spettacolo finisce tardi, alle ventitré e quarantacinque.

Suoni e lettere / Pista 30

1. A che ora ti svegli la mattina? / **2.** Così tardi! / **3.** Di solito fai sport? / **4.** Ti guardi spesso allo specchio? / **5.** Dici! / **6.** Io, invece, sì! / **7.** Che fai di bello? / **8.** Che giornata! / **9.** Così presto! / **10.** Vai mai al cinema la domenica?

In azione / Pista 31 – 1C

Mi chiamo Claudia, insegno letteratura italiana in un liceo. La mattina di solito mi sveglio alle sette, faccio la doccia, poi faccio colazione e vado a scuola. Lavoro dal lunedì al sabato, le lezioni cominciano alle otto e finiscono all'una. Quest'anno sono fortunata perché il mio giorno libero è il lunedì e il martedì ho la prima lezione alle dieci. Gli altri giorni ho sempre quattro ore di lezione. Il mercoledì e il venerdì ho la prima lezione dalle otto alle nove, poi fra le nove e le dieci faccio una pausa e bevo un caffè, e poi ho lezione dalle dieci all'una. Il giovedì invece comincio alle nove e faccio quattro ore di seguito fino all'una e il sabato lavoro dalle otto a mezzogiorno. Torno a casa per pranzo tutti i giorni, il pomeriggio alle quattro vado a prendere mia figlia all'asilo e ceniamo verso le otto. Vado sempre a letto alle undici.

In azione / Pista 32 – 2A

Cosa faccio la mattina quando mi sveglio? Allora, la mattina mi alzo alle sei e mezza, vado in cucina, accendo la radio e bevo il caffè. Poi vado in bagno, mi faccio la barba, mi lavo i denti e mi faccio la doccia. Mi vesto e alle sette e mezza esco per andare in ufficio. Tutte le mattine, prima di entrare in ufficio, faccio colazione al bar con un cornetto e un cappuccino.

In azione / Pista 33 – 3B

● Marcos, tu parli molto bene l'italiano, cosa fai per fare pratica e migliorarlo?
◆ Beh, io leggo il più possibile in italiano. Mi piace leggere di tutto dai cartelli per la strada, ai giornali, alle riviste e i libri. Adoro la letteratura. I miei autori preferiti sono senza dubbio Erri De Luca e Antonio Tabucchi e poi vado al cinema a vedere dei film in versione originale.
● Ah sì? È certamente un buon esercizio, e che tipo di film preferisci vedere?
◆ Vedo film attuali ma anche vecchi. A volte i film vecchi hanno un linguaggio più semplice.
● E ascolti la radio?
◆ Sì certo, soprattutto Radio Tre. Ascoltare la radio è molto importante per me. Prima di tutto, mi mantiene in contatto con la realtà italiana e poi linguisticamente è un esercizio incredibile perché non hai nessun aiuto. Per esempio con i film e la TV ti puoi aiutare con le immagini o con i sottotitoli mentre con la radio devi metterti alla prova.
● E capisci tutto?
◆ No, non capisco tutto, ma non cerco tutte le parole che non conosco nel dizionario, mi basta capire il senso generale. Poi se una parola che non conosco appare molte volte nel testo che sto leggendo e nel film che sto vedendo, allora controllo il significato.
● Senti, e ascolti musica italiana?
◆ Sì certo, ascolto molta musica italiana, anche se, devo dire la verità, preferisco la musica inglese...

UNITÀ 6

Testi e contesti / Pista 34 – 1B

● Elisa, vieni a vedere! In questo sito Internet ci sono un sacco di bei vestiti.
◆ Eccomi, fammi vedere! Eh sì! Hai ragione! Guarda questa camicia a quadri, ci sta benissimo con i tuoi pantaloni di velluto blu, non credi?
● Dici? Però non mi piace tanto, non so... i quadri mi sembrano troppo grandi. Guarda questo maglione grigio, che te ne pare?
◆ Sì è bello, ma guarda il prezzo, mi sembra un po' esagerato... e poi ha il collo un po' alto, non dici sempre che ti dà fastidio? Piuttosto quel giubbotto blu, è sportivo, ma ha un tocco d'eleganza.
● Sì, mi piace, e poi non è neanche tanto caro.
◆ Mauro, Mauro! Guarda questa minigonna a quadri, ti piace? È perfetta per la cena da Maria, no? È informale però anche un po' elegante... mi piace tantissimo!
● Ma non hai già una gonna così?
◆ Ma non ce l'ho più! E poi questa è più moderna... fammi vedere quanto costa... Accidenti sessantacinque euro! È un po' cara... va beh mmh vediamo quali sono le taglie disponibili. C'è anche la 44, la mia taglia... Che dici allora? Cosa compriamo? Il giubbotto per te e la gonna per me?
● OK, quant'è in tutto?
◆ Dunque, centoventi euro il giubbotto più sessantacinque la minigonna fa in tutto centottantacinque euro.
● Aspetta allora, prendo la carta di credito per pagare...

Testi e contesti / Pista 35 – 2A

● Pronto?
◆ Irene? Sono Margherita. Ciao, come va?
● Ciao! Bene! Allora sei pronta?
◆ Sì, sì.
● Domani, a che ora arrivi?
◆ Verso le undici.
● Perfetto, allora vengo a prenderti.
◆ Grazie, sei molto gentile. A proposito, che tempo fa? Sto facendo la valigia e non so cosa portarmi, perché a Torino piove e fa freddo.
● Guarda, qua a Capri il tempo è bellissimo: c'è il sole e fa caldo, quindi possiamo andare al mare.
◆ Che bello! Non ne posso più del freddo e della pioggia. Allora mi porto il costume da bagno, gli occhiali da sole e i sandali.
● Portati anche una felpa o un golfino per la sera.
◆ Va bene!
● Allora ci vediamo domani. Buon viaggio!
◆ Grazie, a domani. Un bacio.

Suoni e lettere / Pista 36 – A

1. Che bei pantaloni di velluto! / **2.** Indosso una maglia scollata. **3.** Il mio portafoglio è di pelle. / **4.** Porti degli occhiali molto belli! / **5.** Guarda che bella collana. / **6.** Preferisci quegli stivali o quei sandali? / **7.** Non è la mia taglia!

Suoni e lettere / Pista 37 – B

1. Guarda che bella camicia a righe! / **2.** Mi piacciono quelle giacche. Sono bellissime! / **3.** Che begli occhiali! / **4.** Carini quegli orecchini! / **5.** Che bel giubbotto!

In azione / Pista 38 – 1A

1. Ideale per chi ama l'abbigliamento casual senza rinunciare all'eleganza. Il nostro modello indossa dei pantaloni blu, un golf grigio a righe lilla e porta delle scarpe da ginnastica per dare un tocco giovanile.

2. Semplice ed elegante, questo vestito di seta beige è adatto a tante occasioni: una sera a teatro, una festa, una cerimonia. Da portare con i tacchi bassi o, come la nostra modella, con dei sandali con i tacchi alti.

3. Un look classico ma moderno, quello della nostra modella che indossa dei pantaloni capri blu scuro con una camicetta di raso blu carta da zucchero. Da portare con una cintura.

4. L'abbinamento bianco e nero non passa mai di moda. Meglio se con un tocco di rosso. Proprio come la nostra modella, che indossa un vestito bianco e nero e una giacchetta nera con un piccolo dettaglio rosso.

5. Bellissimo, elegante e moderno, il nostro modello che indossa dei pantaloni grigi classici e una giacca nera di velluto. Invece della cravatta, porta un simpatico farfallino nero. E per un tocco romantico, un fiore all'occhiello e un foulard bianco.

6. Decisamente sportivo, ma con stile, il nostro modello che indossa dei pantaloni blu e che abbina a una maglietta gialla e un golf celeste. Ideale anche per girare in moto con il giaccone antivento.

UNITÀ 7
Testi e contesti / Pista 39 – 1B
● Allora Arianna, nella scheda che hai compilato dici che hai appena finito il Liceo artistico.
♦ Sì, ho finito a luglio.
● E quali sono le materie che preferisci?
♦ Mah, guardi a me piacciono soprattutto le materie letterarie e la storia dell'arte. Adoro leggere e mi piace molto la pittura.
● Quindi ti senti portata per degli studi artistici?
♦ Beh, in generale per gli studi umanistici, ma se sono motivata posso anche fare degli studi scientifici.
● Hai qualche hobby o passione?
♦ Amo tantissimo gli animali. Ho un cane e due gatti e poi faccio anche volontariato in un centro per animali abbandonati, come ho scritto nella scheda. E poi mi piace fare molto sport: gioco a pallacanestro, vado a correre, faccio equitazione...
● Parlami delle tue esperienze lavorative: nella scheda parli di lavoretti occasionali...
♦ Sì, ho fatto la baby-sitter per due anni e gli ultimi due anni di liceo ho dato ripetizioni di inglese e francese. Mi piace stare insieme ai bambini.
● Se hai dato ripetizioni significa che parli bene queste lingue...
♦ Beh, sì. Il francese lo parlo bene perché mio padre è di Parigi, sono bilingue. L'inglese l'ho studiato per 6 anni. Sono stata anche quattro volte in Inghilterra, per un mese d'estate. Un anno fa ho cominciato a studiare lo spagnolo perché è una lingua molto diffusa e perché mi piace. Credo di essere portata per le lingue.
● Molto bene. Senti, nella scheda, dici di aver già partecipato ad attività di orientamento...
♦ Sì, è così. Durante lo scorso anno scolastico sono venute due persone dell'università e hanno spiegato un po' il funzionamento. Ho letto anche le informazioni che ci sono sul sito dell'università ma, siccome sono interessata a più di una facoltà, voglio essere sicura della mia scelta e pensarci bene.
● E a quali facoltà o corsi di laurea hai già pensato?
♦ Ecco sì, ho pensato a Storia dell'arte perché mi piace tanto la pittura. E poi, per il mio amore per gli animali, ho pensato anche alla facoltà di Veterinaria...
● E quale professione vedi più adatta per te?
♦ Beh a parte la veterinaria, mi vedo bene anche come insegnante.

Alla scoperta della lingua / Pista 40 – 1A
1. Dario Fo, drammaturgo e attore teatrale, che ha ricevuto il Premio Nobel per la letteratura nel 1997, è stato paracadutista durante la Seconda guerra mondiale.

2. Per ricevere gli otto premi che ha vinto, l'artista statunitense di origine italiana Stefani Joanne Angelina Germanotta, più conosciuta come Lady Gaga si è presentata ai premi MTV con un vestito di carne bovina dello stilista Franc Fernandez.

3. Leonardo da Vinci, oltre ad essere stato un grande artista e genio, si è distinto anche per le sue doti culinarie; ha infatti lavorato come cuoco in una locanda di Firenze col suo amico Sandro Botticelli e per Ludovico il Moro a Milano. Ha inoltre inventato numerose ricette e macchine per cucinare.

4. Sofia Loren ha lavorato in Italia e negli Stati Uniti, e ha interpretato tantissimi film di successo con le più grandi star mondiali come Frank Sinatra, Cary Grant, John Wayne. Si è sposata due volte con il produttore cinematografico Carlo Ponti, una in Italia e una in Francia. Hanno avuto due figli.

Suoni e lettere / Pista 41 – A
comprensiva / curiosa / francese / interessante / introversa / passione / sapere / sbagliato / scheda / suonare / svegliarsi / trasferito

Suoni e lettere / Pista 42 – C
zia / zeta / alzarsi / pranzo / grazie / inizio / zaino / zoo / lezione / organizzare / nazionalità / pizza / zero / mozzarella

In azione / Pista 43 – 2A
● Allora Aurora, tu hai vissuto in tanti posti, no? Ti piace cambiare...
♦ Beh, sì, effettivamente mi piace cambiare e vivere esperienze diverse... ho vissuto in quattro paesi.
● Che vita interessante! Dai, racconta!
♦ Dunque, io sono di Bilbao ma nel 1993 mi sono trasferita a Barcellona con la mia famiglia. Lì ho frequentato la scuola superiore e primi anni di università. Poi, nel 1998 sono partita per l'Erasmus.
● E sei andata in Francia, no?
♦ Sì, ho fatto l'Erasmus a Montpellier e sono stata così bene che ho finito lì l'università e ho anche frequentato un master in traduzione e interpretazione.
● E quanto sei rimasta a Montpellier?
♦ Quattro anni, fino al 2002.
● E dove sei andata dopo?
♦ In Belgio, a Bruxelles. Mi sono trasferita per fare uno stage di 6 mesi e poi ho trovato lavoro... e l'amore!
● Ah sí? Un Belga?
♦ No! Un bellissimo italiano!
● Quindi è per questo che adesso vivi in Italia?
♦ Beh, sì, anche per questo. Nel 2005 sono venuta in Italia con Paolo. Abbiamo lavorato per cinque anni a Trieste, ci siamo sposati e abbiamo avuto una bambina. Poi, nel 2010 ci siamo trasferiti a Roma.
● E ti piace stare in Italia?
♦ Tantissimo!

UNITÀ 8
Testi e contesti / Pista 44 – 2B
● Dottoressa Lattuga, buongiorno e grazie per essere qui con noi.
♦ Buongiorno e grazie a voi.
● Dunque ultimamente è di moda fare una vita sana e mantenersi in forma. Ci parli di come, quanto e cosa si deve mangiare per avere un'alimentazione corretta.
♦ Per mantenersi in forma e in buona salute, durante la giornata, bisogna cercare di distribuire gli alimenti in tre pasti principali,

la prima colazione, il pranzo e la cena, e due spuntini, uno a metà mattina e l'altro a metà pomeriggio.

● E cosa ci consiglia di mangiare per avere una dieta equilibrata?

◆ Bisogna mangiare verdura e frutta in grandi quantità e almeno cinque volte al giorno. C'è tanta scelta e possibilità di variare: insalate con pomodori, carote e poi zucchine, melanzane, funghi. Frutta come fragole, mele... dipende dalla stagione.

● Senta, è vero che in Italia si mangia troppa pasta?

◆ Sì, gli italiani mangiano tanta pasta. Ma bisogna dire che la pasta, i cereali, il pane, il riso...i carboidrati, insomma, si devono mangiare tutti i giorni.

● Allora noi italiani mangiamo in modo sano?

◆ Sì, ma dobbiamo fare attenzione ai condimenti. In una dieta equilibrata bisogna limitare oli e grassi. Si devono usare poco.

● Bisogna evitare altri alimenti?

◆ A cena bisogna evitare i carboidrati. La carne rossa si deve mangiare ogni tanto. E un'altra cosa che bisogna mangiare poco o quasi mai sono i dolci.

● E il latte e i latticini?

◆ Il latte e i latticini come lo yogurt e i formaggi freschi si possono consumare anche tutti i giorni. I formaggi più stagionati si devono alternare alla carne bianca, il pesce e le uova

● E per quanto riguarda le bevande?

◆ Si deve bere molta acqua, molto spesso durante il giorno. Bisogna bere almeno un litro e mezzo o due litri al giorno e possibilmente lontano dai pasti.

Alla scoperta della lingua / Pista 45 – 1B

● Ecco, dottoressa, e a colazione cosa bisogna mangiare?

◆ La colazione è il pasto più importante della giornata. Si deve mangiare di tutto, dolce o salato, dipende dai gusti. Qualche fetta biscottata o del pane con burro e marmellata, del formaggio o un po' di prosciutto per esempio. Si può anche mangiare dello yogurt con cereali e frutta di stagione. Si deve anche bere qualcosa, meglio se è caldo... un caffelatte o un tè, ma anche un succo di frutta o una spremuta d'arancia o di pompelmo. E poi, a metà mattina, così come a metà pomeriggio bisogna fare uno spuntino. La frutta in questo caso va benissimo: una mela, una pera, una banana o qualche chicco d'uva.

Alla scoperta della lingua / Pista 46 – 2A

● Cosa prendete?

◆ Noi prendiamo uno spritz.

● E per Lei?

■ Per me un succo di frutta all'ananas, grazie. [...]

◆ Il conto per favore.

● Sono 12 euro e 75 centesimi.

◆ Offro io!

● Ecco a Lei lo scontrino e il resto.

Alla scoperta della lingua / Pista 47 – 3A

● Pronto?

◆ Pronto Marco, sono io! Allora hai deciso cosa facciamo stasera per cena ai tuoi genitori?

● Mah... Pensavo un'insalata e poi la pasta. Che dici?

◆ Che sei molto originale!

● Va beh, dai! Con della lattuga, delle carote e qualche cipolla possiamo fare un'insalata ricca...

◆ No, guarda, allora compra dei pomodori e un paio di mozzarelle, così possiamo preparare una caprese.

● Aspetta che prendo la lista della spesa... po-mo-do-ri. Quanti ne prendo?

◆ Mah, mezzo chilo... E poi delle olive.

● Verdi o nere?

◆ Io preferisco quelle nere, però vanno bene anche quelle verdi...

● O-li-ve ne-re, d'accordo. Altro?

◆ Sì, prendi anche del prosciutto crudo... 3 etti.

● Ok. Senti, la pasta come la facciamo? Alla carbonara?

◆ Va bene... Allora, compra un pacco di spaghetti, una confezione di uova e un po' di guanciale, però il guanciale compralo in macelleria che è più buono, così prendi anche le salsicce per domenica.

● Ok, guanciale e salsicce in macelleria. Altro?

◆ Sì, il latte, parzialmente scremato. Due litri. Ah, e il pane! Prendi quello casereccio che è molto buono e anche dei grissini. Il vino ce l'abbiamo?

● Sì, Morellino di Scansano e Chianti. Il dolce lo compri tu?

◆ Sì, sì, ci penso io, magari del gelato.

● Perfetto! Allora vado a fare la spesa, a dopo!

◆ Ciao!

Suoni e lettere / Pista 48 – A

ecco / cade / palla / camino / nonno / coppia / caro / rosa / notte / beve

Suoni e lettere / Pista 49 – B

asparagi / caffè / calamari / carciofi / carote / confezione / dozzina / formaggio / gelato / grammi / piatto / piselli

In azione / Pista 50 – attività 1

○ Buongiorno signori, avete deciso?

◆ Sì, dunque, come primo io vorrei un risotto ai funghi.

○ E non volete l'antipasto?

◆ No, niente antipasto.

○ Bene. E Lei signora?

● Per me, invece, niente primo, prendo solo un secondo: saltimbocca alla romana. Tu cosa prendi Elisabetta?

■ Anch'io niente primo. Prendo una cotoletta alla milanese con le patatine fritte.

○ Per Lei signora niente contorno?

● Sì, sì, anch'io prendo un contorno... i carciofi al limone.

○ Benissimo. E Lei signore? Vuole un secondo?

◆ No, solo un contorno: gli spinaci al burro.

○ E da bere?

◆ Franca, ti va del vino bianco?

● Sì, certo, e anche un litro di acqua frizzante.

■ E per me una cedrata.

○ Il dolce lo ordinate adesso? Abbiamo una sola porzione di crostata alla frutta, quindi se volete posso metterla da parte.

◆ Ah, va bene, grazie. E poi due tiramisù.

● Senta, scusi, mancano le posate per la ragazza.

○ Le porto subito.

[...]

○ Ecco qui: forchetta e coltello. E i calici per il vino. Buon appetito!

◆ Allora Franca, facciamo un brindisi per il tuo nuovo lavoro!

● Salute!

◆ Cin, cin!

Bravissimo! • Corso d'italiano
Libro dello studente • Livello A1

Autori
Marilisa Birello, Albert Vilagrasa;
Barbara Ceruti, Ludovica Colussi (Feste e Giro d'Italia)

Revisione pedagogica
Michel Morel, Evelina Bologna-Tollemer, Caroline Sarian

Coordinamento editoriale
Ludovica Colussi

Redazione
Barbara Ceruti, Ludovica Colussi

Correzione
Irene Zannier

Impaginazione e progetto grafico
Besada+Cukar

Illustrazioni
Martín Tognola

Fotografie
Raffaella Midiri

Documentazione
Giovanni Merlo

Registrazioni
Coordinamento: Ludovica Colussi
Studio di registrazione: Blind records

Locutori
Antonio Béjar, Amedeo Ceruti, Andrea Ceruti, Arianna Ceruti, Barbara Ceruti,
Coryse Calendini, Elisa Cittadini, Ludovica Colussi, Agustín Garmendia,
Vincenzo Golfi, Claudia Zoldan.

Ringraziamenti
Vogliamo ringraziare tutte quelle persone che hanno contribuito alla realizzazione
di questo manuale, in particolar modo Francesca Colussi, Oscar García, Agustín
Garmendia, Pablo Garrido, Ester Lázaro, Luis Luján, Eulàlia Mata, Andrea Mecozzi
e Laia Sant.

Questo manuale è basato sull'approccio didattico e metodologico di *Aula*
(Difusión, Barcellona).

BULGARINI
FIRENZE

Via Ettore Pretolini 8/10
50137 Firenze (Italia)
tel. (+39) 055 61611 / 055 610646
fax +39 055 6161230
info@bulgarini.it